Vieweg Programmbibliothek
Mikrocomputer 4

# BASIC-Anwenderprogramme

# Vieweg Programmbibliothek Mikrocomputer

Herausgegeben von Harald Schumny

Band 1
Graphik-Programme für TRS-80 und HP 9830

Band 2
Iterationen, Näherungsverfharen, Sortiermethoden
BASIC-Programme für

CBM 3032, HP 9830, TRS-80, Olivetti 6060

Band 3
BASIC und Pascal im Vergleich

Band 4
BASIC-Anwenderprogramme

Vieweg Programmbibliothek
Mikrocomputer Band 4

Harald Schumny (Hrsg.)

# BASIC-Anwenderprogramme

Springer Fachmedien Wiesbaden GmbH

CIP-Kurztitelaufnahme der Deutschen Bibliothek

**BASIC-Anwenderprogramme**/[d. Autoren d. Bd.
Peter Frahm ...] — Braunschweig; Wiesbaden:
Vieweg, 1983.
  (Vieweg-Programmbibliothek Mikrocomputer;
  Bd. 4)
  ISBN 978-3-528-04218-9

NE: Frahm, Peter [Mitverf.]; GT

## Die Autoren des Bandes

**Dipl.-Phys.** *Peter Frahm*
Kapaunenberg 15, 2380 Schleswig
Oberstudienrat an der Staatlichen Domschule
Schleswig

**Dr. rer. pol.** *Werner Hürlimann*
Freiburgstraße 57, CH-3008 Bern
Nationalökonom (Richtung Betriebswirtschaft)
bei den schweizerischen PTT

**Dipl.-Inform.** *Helmut Richter*
Karlstraße 48, 4750 Unna-Massen
Geschäftsführer der Gesellschaft ICS,
Individuelle Microcomputersoftware

**Dr.-Ing.** *Harald Schumny*
Bolchentwete 3, 3300 Braunschweig
Oberregierungsrat und Leiter des Laboratoriums
„Meßtechnik und Prozeßdatenerfassung" an
der Physikalisch-Technischen Bundesanstalt
(PTB) in Braunschweig. Deutscher Direktor der
Euromicro (European Association for Micro-
processing and Microprogramming)

*Achim Stößer*
Hauptstraße 83, 7552 Durmersheim
Schüler der Jahrgangsstufe 13 des Gymnasiums
Durmersheim, Leistungskurse Mathematik und
Physik

*Wilfried Wendt*
Kirchgang 3a, 3300 Braunschweig
Technischer Angestellter (Ingenieurstelle) im
Laboratorium „Meßtechnik und Prozeßdaten-
erfassung" an der PTB in Braunschweig

1983

Alle Rechte vorbehalten

© Springer Fachmedien Wiesbaden 1983
Ursprünglich erschienen bei Friedr. Vieweg & Sohn Verlagsgesellschaft mbH, Braunsvhweig in 1983



ISBN 978-3-528-04218-9      ISBN 978-3-663-14220-1 (eBook)
DOI 10.1007/978-3-663-14220-1

# Inhaltsverzeichnis

# Einführung

Von wichtigen internationalen Normungsorganisationen sind
Bemühungen bekannt, einen einheitlichen, höheren BASIC-Dialekt
zu entwickeln. Nach Verabschiedung solch eines Standards und
weltweiter Akzeptierung wäre es erheblich einfacher als heute,
BASIC-Programme zwischen Benutzern verschiedener Rechner aus-
zutauschen.

Allerdings können Programme, die den Sprachenumfang des neuen
Standards nutzen, nicht auf Systeme übertragen werden, die mit
derzeitigen Quasi-Standardversionen arbeiten (wie z.B. Apple-,
CBM- oder Tandy-BASIC). Denn nur wenige Hersteller bieten
schon jetzt erweiterte Dialekte, die etwa den Vorstellungen
genügen, wie sie beispielsweise vom ANSI (American National
Standards Institute) entwickelt wurden. Am ehesten entspricht
schon das von Hewlett-Packard für die 80er Systeme entwickelte
"Erweitere BASIC" den neuen Festlegungen wie z.B.

```
CALL "Unterprogrammname"    -  Aufruf eines Unterprogramms
                               mit seinem Namen,

IF...THEN...ELSE...         -  zweiseitige Programm-
                               verzweigung,

PRINT USING...             -  formatierte Ausgabe.
```

Drei weitere Anweisungsgruppen zeichnen die Programmiersprache
BASIC der Systeme wie HP-85 aus:

- Graphik-Anweisungen zur Ausgabe von Meß- oder Berechnungs-
  ergebnissen und Beschriftung von Diagrammen, z.B.
  SCALE, XAXIS, YAXIS, PLOT, DRAW, MOVE, LABEL, PEN

- Befehle zur Behandlung von Hardware- und Software-
  Interrupts, z.B.
  ON ERROR...GOSUB    (oder GOTO)
  ON INTR...
  ON KEY...

```
ON TIMER...
```
- Befehle zur Bedienung des IEC-Busses, z.B.
  ENTER, OUTPUT,...USING...,

Im Beitrag von W. Wendt und H. Schumny werden diese Möglichkeiten weitgehend genutzt. Die konkrete Anwendung aus der
nuklear-physikalischen Praxis kann sozusagen als Demonstration
dafür angesehen werden, was künftige BASIC-Versionen erlauben.
Die Kehrseite ist, daß solch ein Programm nur mit zumutbarem
Aufwand auf solche Rechner umsetzbar ist, deren Interpretierer
ähnliche Fähigkeiten aufweisen. Eine Alternative könnte sein,
die Interrupt- und Ein-/Ausgabe-Instruktionen in Form von
Maschinenroutinen (Assemblerroutinen) selbst zu erzeugen. Dies
ist eine weit verbreitete Praxis bei Rechnern der "CBM-Klasse".

Das Programm zur Zahnprofilberechnung (ebenfalls für HP-85 geschrieben) ist problemlos auf viele andere Rechner übertragbar.
Es kann lediglich nötig werden, z.B. den Arcus-Sinus mit Hilfe
anderer trigonometrischer Funktionen darzustellen. Auf die
graphische Ausgabe der Zahnprofile muß möglicherweise verzich-
tet werden (bei z.B. Commodore-Rechnern ohne Graphik-Zusatz).
Dann allerdings sollte darüber nachgedacht werden, welchen
Wert solche Computeranwendungen für Konstrukteure haben.

Eine hochaktuelle und leicht übertragbare Anwendung stellt
W. Hürlimann mit der Berechnung der Kollektorfläche einer
Solaranlage vor. Interessant am abgedruckten Programm ist, daß
die LET-Anweisung verwendet wird und alle Anweisungszeilen
konsequent mit Leerzeichen (blanks) geschrieben sind. Dies
entspricht den für das neue ANSI-BASIC entwickelten Regeln.

Das Paket von H. Richter ist für Luxor ABC-80 bzw. BASF 7100
geschrieben. Die vier Programme sind sehr ausführlich doku-
mentiert und bereiten auch vom BASIC-Dialekt her keine
Schwierigkeiten, so daß die Übernahme jederzeit möglich sein
sollte. Lediglich die Anweisung ON ERROR GOTO muß evtl. er-
setzt werden, und die "fortschrittliche" Möglichkeit durch
IF-THEN-ELSE ist meist aufzulösen.

Eine mehr "spielerische" Anwendung ist der Dauerkalender von
A. Stößer. Durch Aufzeigen verschiedener Darstellungsmöglich-
keiten und "Ausbaustufen" werden jedoch interessante Hinweise
für Veränderungen oder Weiterentwicklungen gegeben. Bis auf
die FORMAT-Anweisung des verwendeten Rechners HP 9830 dürfte
auch hier die Übernahme einfach sein.

Eine Stundenplangestaltung für Schüler ist natürlich primär
für Lehrer interessant. Die Arbeit von P. Frahm kann aber
dennoch mit breiterem Interesse rechnen, weil es sich im
Grunde um eine allgemein verwendbare Dateiverarbeitung handelt.
Anstelle von Schülern, Kursen, Fächerkombinationen sind durch-
aus beliebige andere "Kriterien" vorstellbar. Die für einen
Wang-Rechner geschriebene Software ist nach geringfügigen
Änderungen z.B. auch auf einem CBM-Rechner lauffähig.

# Programmierung von Schnittstellen und Datentransfer mit Tischrechnern HP-83/85

von Wilfried Wendt und Harald Schumny

1 AUFGABENSTELLUNGEN

Bei einer Klasse von Experimenten - z.B. in der Atomphysik -
werden oft sehr viele Meßdaten mit Hilfe von Teilchenzählern
oder - wenn die Energieverteilung (das Energiespektrum)
interessiert - mit einem Vielkanalanalysator (MCA, Multi
Channel Analyzer) gesammelt.

In einem zweiten Schritt müssen diese Meßdaten aus den Zählern
gelesen bzw. aus dem Arbeitsspeicher des MCA auf einen Datenträger transferiert werden. Ein nächster Schritt ist häufig,
die Daten aufzubereiten, mit einem Bildschirm, Drucker oder
Graphik-Plotter zu begutachten und daraus Schlüsse für die
Weiterführung des Experiments zu gewinnen.

Zu bewältigen sind oft 8192 (8K) Meßkanäle, die jeweils 3 bis
8 Informationsbytes umfassen, d.h. bei einem Spektrentransfer
sind bis zu 64Kbyte Daten zu senden bzw. zu empfangen. Eine
typische Konfiguration für diesen Fall ist mit  B i l d  1
gezeigt. Die Verbindung zwischen Meßgerät und Controller
(HP-83) ist seriell ausgeführt (V.24) mit bis zu 4800 Bd
Übertragungsrate. Datenträger und Ausgabegeräte sind über den
IEC-Bus angeschlossen. Bei Bedarf läßt sich über die V.24-
Schnittstelle eine Verbindung zu einem anderen Computer her-
stellen, der z.B. übergeordnete Auswertearbeiten durchzuführen
hat.

2 PROGRAMMBESCHREIBUNG

Das BASIC-Programm ist modular aufgebaut und darum relativ
leicht zu verstehen sowie, bei wechselnden Anforderungen, zu

**Bild 1**

Der Tischrechner
HP-83 als Controller
für den Daten-
transfer über
serielle (V.24)
bzw. parallele
(IEC-Bus) Kanäle

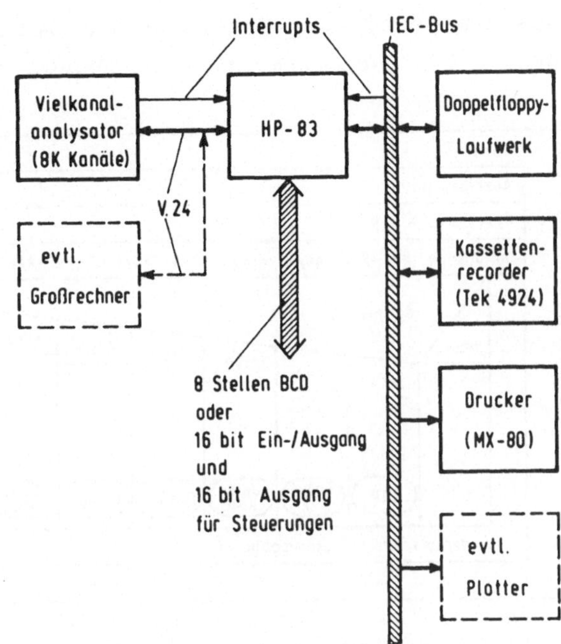


ändern bzw. zu ergänzen. Es wird im folgenden so detailliert
beschrieben, daß die Übertragung der HP-spezifischen Anweisungen in andere BASIC-Dialekte möglich wird, wenn der
benutzte Rechner eine entsprechende Schnittstellenbehandlung
ermöglicht. Es muß hier aber doch gesagt werden, daß solche
den Normen entsprechenden Prozeduren wie SRQ (Service Request)
und SPOLL (Serial Poll) nicht bei allen Tischcomputern reali-
siert sind. Solche Geräte sollte man für die Verwendung in
der Meßtechnik und Prozeßdatenverarbeitung ablehnen.

## 2.1 Struktur des Gesamtprogramms

Das Programmpaket für den Betrieb des in  B i l d  1
gezeigten Systems wird von Kassette oder Flexible Disk
(Floppy) geladen. Der Hauptprogrammblock erzeugt definierte
Anfangszustände und verweist über den Bildschirm in Menü-
technik auf die möglichen Betriebsarten, die per Interrupt
(SRQ) oder die zugeordneten Programmtasten (Soft Keys) in
Form von Unterprogrammen aufgerufen werden. Das Struktogramm
B i l d  2  macht dieses Verfahren deutlich. Nach Rückkehr

aus dem jeweiligen Unterprogramm werden erneut auf dem Bildschirm die Wahlmöglichkeiten (Menü) angezeigt.

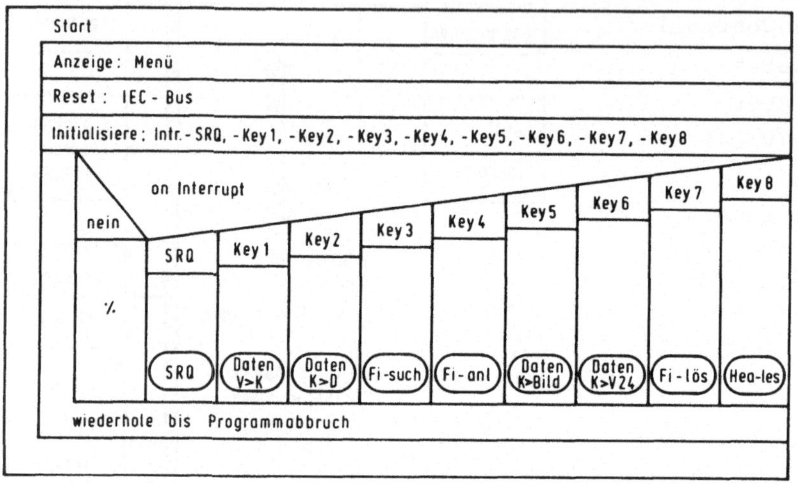


**Bild 2** Struktogramm des Programmpaketes DATENTRANSFER

## 2.2 Anweisungsliste des Programmes DATENTRANSFER

```
10 CLEAR @ DISP "**          DATENTRANSFER          **"
20 DISP "*********************************"
30 DISP
40 DISP "K1...Daten Vielkanal > Kassette"
50 DISP "K2...Daten Kassette > Drucker"
60 DISP "K3...File suchen"
70 DISP "K4...File anlegen"
75 DISP "K5...Daten Kassette > Bildschirm"
77 DISP "K6...Daten Kassette > V24"
80 DISP "K7...File loeschen"
90 DISP "K8...HEADER lesen"
100 RESET 7
110 ON INTR 7 GOSUB 810
120 ENABLE INTR 7;8
130 ON KEY# 1,"Da-V>K" GOSUB 210
140 ON KEY# 2,"Da-K>Dr" GOSUB 450
150 ON KEY# 3,"Fi-such" GOSUB 500
160 ON KEY# 4,"Fi-anl" GOSUB 540
165 ON KEY# 5,"Da-K>Bi" GOSUB 1100
167 ON KEY# 6,"Da-K>24" GOSUB 1300
170 ON KEY# 7,"Fi-loe" GOSUB 630
180 ON KEY# 8,"HE-les" GOSUB 690
190 KEY LABEL
200 GOTO 200
210 CLEAR ! ********* UNTERPROGRAMM DATEN VIELK.> KASSETTE *********
215 DIM D$[264]
216 IOBUFFER D$
220 RESET 10
230 DISP "Ist Vielkanal ausgabebereit J/N";
240 INPUT A$
250 IF A$#"J" THEN 430
252 DISP "Ist Band am Fileanfang  J/N";
254 INPUT A1$
```

```
256 IF A1$#"J" THEN 430
260 DISP "Datenkopf eingeben!"
270 INPUT B$
275 CONTROL 10,3 ; 13
278 CONTROL 10,2 ; 4
280 OUTPUT 10 USING "#,K" ; "R"
290 ENTER 10 USING "#,A" ; R$
291 WAIT 10
292 CONTROL 10,2 ; 0
294 CONTROL 10,9 ; 69
300 IF NUM(R$)#6 THEN 425
310 DISP @ DISP "** Datenuebertragung laeuft **"
315 SEND 7 ; UNL MTA LISTEN 6 SCG 12
320 OUTPUT D$ USING "K" ; B$
330 CONTROL 7,16 ; 0
332 CONTROL 10,11 ; 2
334 CONTROL 10,12 ; 60
336 ON EOT 10 GOTO 348
338 TRANSFER 10 TO D$ INTR ; DELIM 60
339 ASSERT 10;4
340 FOR Z=1 TO 999999 STEP 1
345 NEXT Z
348 ASSERT 10;0
350 TRANSFER D$ TO 7 FHS
352 STATUS 10,11 ; Q
354 IF Q=67 THEN GOTO 410
360 GOTO 336
410 SEND 7 ; LISTEN 6 SCG 2 DATA CHR$(13) UNL
420 DISP @ DISP "** Datenuebertragung beendet **"
422 CONTROL 7,16 ; 2
425 RESET 10
430 KEY LABEL
435 BEEP
440 RETURN ! ********** UNTERPROGRAMM-ENDE **********
450 CLEAR ! ********** UNTERPROGRAMM DATEN KASSETTE > DRUCKER **********
460 DISP "Ist Rekor.+ Druck. startklar ?  J/N":
470 INPUT M$
480 IF M$#"J" THEN 496
490 SEND 7 ; UNL TALK 6 SCG 13 LISTEN 4
491 RESUME 7
496 KEY LABEL
497 RETURN ! ********** UNTERPROGRAMM ENDE **********
500 CLEAR ! ********** UNTERPROGRAMM FILE SUCHEN **********
505 DISP "Suche File Nr.";
510 INPUT C$
520 SEND 7 ; UNL MTA LISTEN 6 SCG 27 DATA C$ EOL UNL
525 KEY LABEL
530 RETURN ! ********** UNTERPROGRAMM ENDE **********
540 CLEAR ! ********** UNTERPROGRAMM FILE ANLEGEN **********
550 DISP "Ist Band richtig positioniert ? J/N"
560 INPUT F$
570 IF F$#"J" THEN 610
580 DISP @ DISP "Gebe ein: File-Anzahl;-Laenge";
590 INPUT G$
600 SEND 7 ; UNL MTA LISTEN 6 SCG 28 DATA G$ EOL UNL
610 KEY LABEL
620 RETURN ! ********** UNTERPROGRAMM ENDE **********
630 CLEAR ! ********** UNTERPROGRAMM FILE LOESCHEN **********
640 DISP "Welches File soll geloescht      werden ? Nr.";
650 INPUT L$
660 SEND 7 ; UNL MTA LISTEN 6 SCG 7 DATA L$ EOL UNL
670 KEY LABEL
680 RETURN ! ********** UNTERPROGRAMM ENDE **********
690 CLEAR ! ********** UNTERPROGRAMM HEADER LESEN **********
700 DISP "Ist Band richtig positioniert ? J/N";
710 INPUT H$
720 IF H$#"J" THEN 790
750 SEND 7 ; UNL MLA TALK 6 SCG 9
760 ENTER 7 ; K$
770 SEND 7 ; UNT UNL
780 DISP @ DISP K$
790 KEY LABEL
800 RETURN ! ********** UNTERPROGRAMM ENDE **********
```

```
810 CLEAR ! ********** UNTERPROGRAMM SRQ **********
820 DISP "** Rekorder meldet Fehler **"
830 P=SPOLL(706)
840 DISP @ DISP "SPOLL Status-Byte =";P
845 IF BIT(P,1)=1 THEN DISP "Cassetten-Ende erreicht"
850 IF BIT(P,2)=1 THEN DISP "Rek.ist OFF LINE"
860 IF BIT(P,3)=1 THEN DISP "Rek.in ALT MODE"
870 IF BIT(P,4)=1 THEN DISP "Rek.ist besetzt"
880 IF BIT(P,5)#1 THEN 1040
890 SEND 7 ; UNL MLA TALK 6 SCG 30
900 ENTER 7 ; E
910 SEND 7 ; UNT UNL
920 IF E=1 THEN DISP "Bereichs-Fehler"
930 IF E=2 THEN DISP "File nicht gefunden"
940 IF E=3 THEN DISP "Format-Fehler"
950 IF E=4 THEN DISP "Ungueltiger Zugriff"
960 IF E=5 THEN DISP "File nicht geoeffnet"
970 IF E=6 THEN DISP "10x Lesefehler"
980 IF E=7 THEN DISP "Kassette nicht eingelegt"
990 IF E=8 THEN DISP "Falsche Rekordlaenge"
1000 IF E=9 THEN DISP "Schreibsperre eingeschaltet"
1010 IF E=10 THEN DISP "Schreibfehler"
1020 IF E=11 THEN DISP "Ende der angelegten File"
1030 IF E=12 THEN DISP "File-Ende erreicht"
1040 STATUS 7,1 ; I
1050 ENABLE INTR 7;8
1060 KEY LABEL
1065 BEEP
1070 RETURN ! ********** UNTERPROGRAMM ENDE **********
1100 CLEAR ! ********** UNTERPROGRAMM DATEN KASSETTE > BILDSCHIRM **********
1110 DIM U$[71]
1120 OFF INTR 7
1130 DISP "Ist Kassette am richtigen Fileanfang positioniert ? J/N"
1140 INPUT S$
1150 IF S$<>"J" THEN GOTO 1280
1170 SEND 7 ; UNL MLA TALK 6 SCG 13
1180 ENTER 7 USING "%,%K" ; U$
1190 IF LEN(U$)=69 THEN GOTO 1220
1200 DISP U$
1205 STATUS 7,2 ; V
1210 IF V>=72 THEN 1270 ELSE 1180
1220 DISP U$[1,28]
1230 DISP U$[29,56]
1240 DISP U$[57,69]
1250 WAIT 200
1260 GOTO 1180
1270 DISP "Ende der Daten"
1275 BEEP
1276 DISP @ DISP "Programm durch druecken von       'cont' fortsetzen"
1277 PAUSE
1280 KEY LABEL
1285 ON INTR 7 GOSUB 810
1290 RETURN ! ********** UNTERPROGRAMM ENDE **********
1300 CLEAR ! ********** UNTERPROGRAMM DATEN CASSETTE > V24 **********
1310 DIM U1$[71]
1320 OFF INTR 7
1330 RESET 10
1340 DISP "Ist Kassette am richtigen Fileanfang positioniert ? J/N"
1350 INPUT S1$
1360 IF S1$<>"J" THEN GOTO 1550
1370 DISP "Mit welcher Baudrate soll        gesendet werden ?"
1380 DISP @ DISP " 6= 300 Baud"
1390 DISP "11=2400 Baud"
1400 DISP "13=4800 Baud"
1410 DISP "15=9600 Baud"
1420 INPUT S2
1430 CONTROL 10,3 ; S2
1440 DISP "Soll Pin 5(CTS) die Datenausgabe steuern ? J/N"
1450 INPUT S2$
1460 IF S2$<>"J" THEN GOTO 1480
1470 CONTROL 10,5 ; 16
1480 SEND 7 ; UNL MLA TALK 6 SCG 13
1490 ENTER 7 USING "%,%K" ; U1$
```

```
1500 OUTPUT 10 USING "K" ; U1$
1510 STATUS 7,2 ; V1
1520 IF V1<72 THEN GOTO 1490
1530 DISP "Ende der Datenuebertragung"
1540 BEEP
1542 DISP @ DISP "Programm durch druecken von        'cont' fortsetzen"
1544 PAUSE
1550 KEY LABEL
1560 ON INTR 7 GOSUB 810
1570 RETURN ! ********** UNTERPROGRAMM ENDE **********
```

## 2.3 Kommentierung der einzelnen Instruktionen

Die Moduln des Programmpaketes sind in T a b e l l e  1
zusammengestellt. Die einzelnen Funktionsblöcke werden aus
dem Hauptprogramm (Zeilen 1Φ bis 2ΦΦ) aufgerufen. Die einzelnen
Programminstruktionen sind in der nachfolgenden Aufstellung
kommentiert.

## Tabelle 1 Moduln des Programms DATENTRANSFER

| Zeilen-<br>nummer | Funktion | Schnitt-<br>stelle |
|---|---|---|
| 1Φ - 2ΦΦ | Hauptprogramm mit Menü | |
| 21Φ - 44Φ | Daten vom Meßgerät (Vielkanal-<br>analysator) auf Datenträger<br>(Kassette) | V.24/<br>IEC |
| 45Φ - 497 | Daten von Kassette auf Drucker<br>ausgeben | IEC |
| 5ΦΦ - 53Φ | Datenblock (File) auf Kassette<br>suchen | IEC |
| 54Φ - 62Φ | File anlegen | IEC |
| 63Φ - 68Φ | File löschen | IEC |
| 69Φ - 8ΦΦ | Filekopf (Header) lesen | IEC |
| 81Φ - 1Φ7Φ | Service Request (SRQ) | IEC |
| 11ΦΦ - 129Φ | Daten von Kassette auf Bildschirm<br>anzeigen | IEC |
| 13ΦΦ - 157Φ | Daten von Kassette über serielle<br>Schnittstelle (V.24) ausgeben | IEC/<br>V.24 |

| Zeilen-nummern | Kommentare |
|---|---|
| 10,20 | Bildschirm löschen und Programmnamen anzeigen |
| 30 - 90 | Menü: Unterprogramme mit Soft-Keys |
| 100 | IEC-Bus rücksetzen (Kanalnummer 7) |
| 110 | Unterprogrammaufruf bei SRQ |
| 120 | SRQ ermöglichen durch Setzen des Kontrollbits Nr. 3 (binär 8) |
| 130 - 180 | Unterprogramm-Anwahl |
| 190 | Bedeutung der Soft-Keys anzeigen |
| 200 | Warten auf Interrupt ("End of Line"-Verzweigung) |
| 210 | Bildschirm löschen |
| 215,216 | Ein-/Ausgabepuffer dimensionieren |
| 220 | V.24-Schnittstelle rücksetzen (Kanalnummer 10) |
| 230 - 250 | Ist MCA richtig eingestellt? |
| 252 - 256 | Ist Magnetband positioniert? |
| 260,270 | Überschrift für Meßdatenblock eingeben |
| 275 | 4800 Bd einstellen |
| 278 | Stift 6 an V.24-Buchse positiv |
| 280 | Durch Senden von "R" wird MCA auf Ausgabe geschaltet |
| 290,291,300 | auf Antwort warten (10ms durch WAIT 10) |
| 292 | Stift 6 an V.24-Buchse negativ |
| 294 | auf Empfang schalten, Rubout ausblenden, Puffer zurücksetzen |
| 315 | Rechner adressiert über IEC-Bus den Recorder (Listener-Adresse 6, Sekundäradresse 12) |
| 320 | Datenkopf in Ausgabepuffer |
| 330 | Daten zum Recorder ohne CR/LF |
| 332 - 334 | Ende-Zeichen "<" am V.24-Eingang setzen |
| 336 | verzweigen, wenn Puffer voll |
| 338 | sonst: mit Interrupt von V.24 in E/A-Puffer speichern |
| 339 | Stift 6 positiv (vgl. auch 278) |
| 340,345 | Zählschleife für Interrupt |
| 348 | Stift 6 negativ |
| 350 | Daten aus E/A-Puffer zum Recorder übertragen (FHS: Fast Handshake) |
| 352,354 | Abfrage auf Endezeichen |
| 410 | An Recorder "End of File" senden |
| 422 | An IEC-Bus CR/LF |
| 425 | V.24 rücksetzen |
| 430 - 440 | Mit Kontrollton (beep) zurück zum Menü |
| 450 - 480 | Recorder und Drucker richtig eingestellt? |
| 490 | Rechner sendet Talk-Adresse für Recorder und Listen-Adresse für Drucker |
| 491 - 497 | Rechner schaltet sich passiv und "Return" |
| 1100 - 1120 | Variable dimensionieren und SRQ sperren |
| 1130 - 1150 | Recorder richtig eingestellt? |
| 1170,1180 | IEC-Bus adressieren und Daten in Variable U$ lesen (mit EOI als Zeilenabschluß) |
| 1205,1210 | Abfrage, ob EOI empfangen wurde |
| 1220 - 1240 | U$ formatiert anzeigen |

| Zeilen-nummern | Kommentare |
|---|---|
| 125Φ,126Φ<br>127Φ - 128Φ<br>1285 | nach O,2s nächste Zeile<br>Abschließen und Menü einschalten<br>Interrupt wieder ermöglichen |
| 13ΦΦ - 133Φ<br>134Φ - 136Φ<br>137Φ - 143Φ<br>144Φ - 147Φ<br><br>148Φ,149Φ<br><br>15ΦΦ - 152Φ<br>153Φ - 157Φ | Dimensionieren, SRQ sperren, V.24 rücksetzen<br>Recorder richtig eingestellt?<br>Übertragungsrate wählen<br>Steuerleitung (Stift 5) für Datenausgabe<br>benutzen<br>IEC-Bus adressieren und Daten in U1\$ lesen<br>(mit EOI als Zeilenabschluß)<br>Daten über V.24 ausgeben, auf EOI abfragen<br>Abschließen, Menü einschalten, Interrupt<br>ermöglichen |
| 5ΦΦ - 51Φ<br>52Φ - 53Φ | File-Nummer eingeben<br>IEC-Bus adressieren und "Return" |
| 54Φ - 59Φ<br>6ΦΦ - 62Φ | Band positionieren und File-Daten eingeben<br>Recorder adressieren, Menü einschalten |
| 63Φ - 65Φ<br>66Φ - 68Φ | Welches File löschen?<br>Recorder adressieren |
| 69Φ - 72Φ<br>75Φ,76Φ<br>77Φ - 8ΦΦ | Band positionieren<br>Recorder adressieren und Kopf in K\$<br>Rücksetzen und Rückkehr |
| 81Φ,82Φ<br>83Φ - 88Φ<br><br>89Φ,9ΦΦ<br>91Φ - 1Φ3Φ<br>1Φ5Φ - 1Φ7Φ | Fehlermeldung<br>Statusbyte lesen u. anzeigen, SRQ löschen,<br>Fehler anzeigen<br>Recorder als Sender u. Fehlerbyte in Var. E<br>Rücksetzen und Fehler anzeigen<br>Interrupt freigeben und Rückkehr |

## 3 BENUTZUNGSBEISPIEL

Das Programmpaket ermöglicht die in T a b e l l e 1 aufge-
listeten Funktionen. Besonders wichtig sind die Spektren-
transfer-Moduln (Zeilen 21Φ - 44Φ und 13ΦΦ - 157Φ). Dabei
dient der Rechner als Controller und Pufferspeicher. B i l d 1
zeigt, daß der Rechner bei den Transfers zwischen der seriel-
len Schnittstelle (V.24) und dem IEC-Bus umschalten muß.

Mit der Programmtaste (Soft Key) 6 wird in die Routine ab
Zeile 13ΦΦ verzweigt, die Übertragungen von Daten zwischen
dem Kassettenrecorder und einem Empfänger an der V.24-Schnitt-

stelle des HP-83 (bzw. 85) ermöglicht. Als Empfänger kann der
Vielkanalanalysator oder aber ein übergeordneter Prozeß- oder
Großrechner für Auswertungen angeschlossen sein (vgl.
B i l d   1).

B i l d   3   zeigt den gesamten Dialog für diese Betriebsart.
Vor der eigentlichen Übertragung wird die Möglichkeit gegeben,
die Datenkassette richtig zu positionieren. Danach muß die
Übertragungsrate (in Bd) eingestellt werden. Abschließend
wird noch gefragt, ob mit der an Stift 5 des 25poligen-V.24-
Steckers angeschlossenen Steuerleitung (Sendebereitschaft)
die Datenausgabe gesteuert werden soll. Die Transfersteuerung
über diese Leitung kann manuell oder durch den angeschlossenen
Empfänger erfolgen. Nach Beendigung der Übertragung kann durch
Drücken der Taste CONT erneut das Menü auf den Bildschirm
gerufen werden.

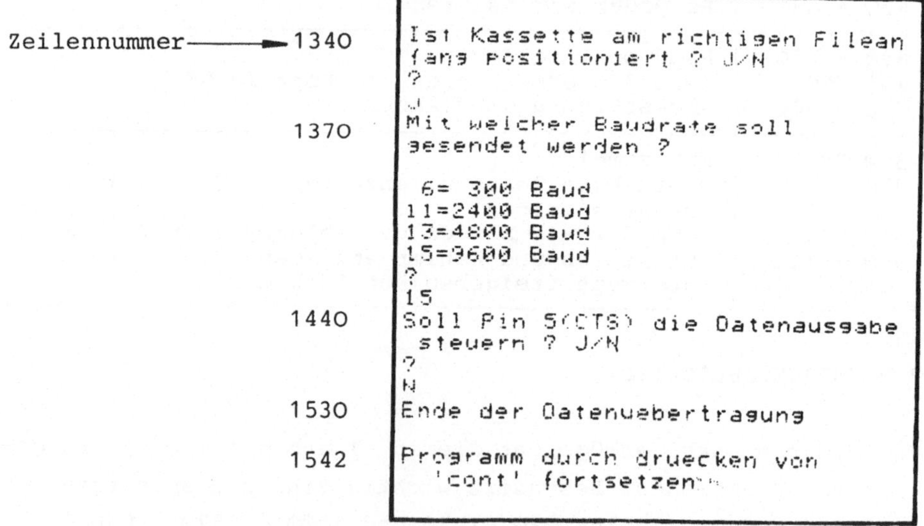


<u>Bild 3</u> Dialog auf dem Bildschirm zum Spektrentransfer
        zwischen Kassettenrecorder und Vielkanalanalysator
        bzw. Großrechner

# Zahnprofilberechnung mit dem HP-85

von Harald Schumny


## 1 AUFGABENSTELLUNG

Während der VDI-Getriebetagung "Rechnergestützte Getriebe-Konstruktionen" wurde in einem Vortrag [1] dargelegt, daß bei Beachtung einiger Einschränkungen auch preiswerte Tischcomputer oder kleine Prozeßrechner für den Konstrukteur eine sinnvolle Hilfe darstellen können. Ergänzend zu den in [1] vorgestellten Programmen zur Gelenkviereck-Berechnung [2...5] wird hier ein weiteres Programm zur Zahnprofilberechnung beschrieben. Benutzt werden Arbeiten von Dr. K. Hain [6] zur "Berechnung eines Gegen-Zahnprofils für gegebenes Erstprofil mit Einschluß der Krümmung beider Profile". Es handelt sich hierbei um eine Erweiterung des Verzahnungsgesetzes für konstantes Übersetzungsverhältnis. Details dazu sind in [7] beschrieben.

Für die Berechnung sind einzugeben:

- Achsabstand d
- Übersetzungsverhältnis $i_z = \dfrac{u_{an}}{u_{ab}}$
- Koordinaten des gegebenen Profilpunktes $x_c$, $y_c$
- Koordinaten des Krümmungsmittelpunktes dieses
  Profilpunktes $x_{co}$, $y_{co}$

B i l d  1  zeigt eine Skizze dieser Eingangs- und der End-Ergebniswerte. Ebenfalls angegeben ist das verwendete Koordinatensystem:

- Ursprung $A_o$: Drehpunkt eines Rades mit gegebenem Profil;

- x-Achse:      Gerade zwischen den Rad-Drehpunkten $A_o$ und $B_o$.


B i l d  2  zeigt die zugeordneten Punkte, wie sie vorgegeben $(C_o - C)$ bzw. als Ergebnisse ausgegeben $(D_o - D)$ werden.

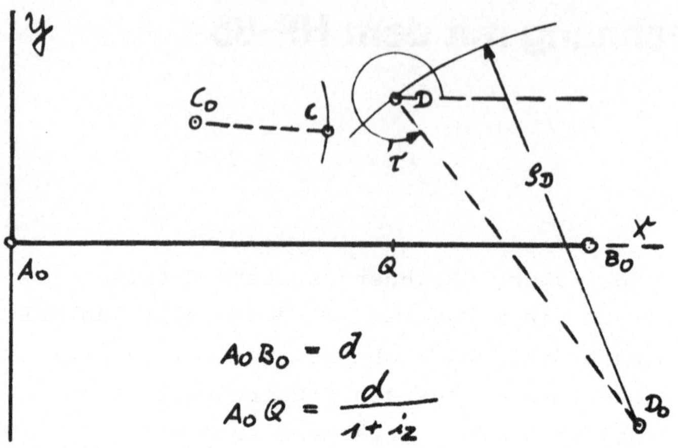

**Bild 1** Eingangs- und End-Ergebniswerte (übernommen von [6]   )

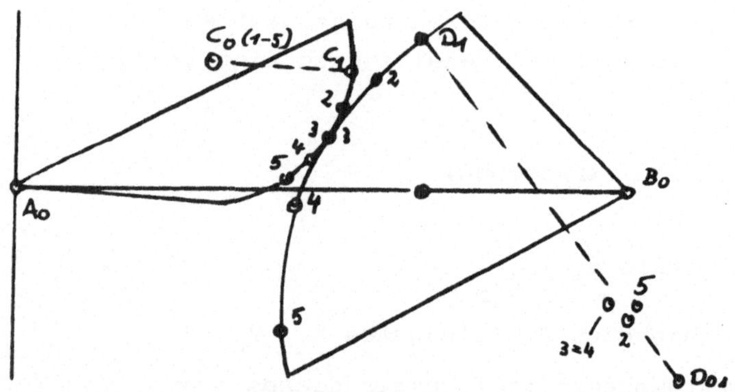

**Bild 2** Zugeordnete Punkte C, D, $C_O$, $D_O$ des gegebenen Profils

($C_O$ - C) und des berechneten Profils ($D_O$ - D)

Im folgenden ist der Gleichungssatz angegeben. Die Bezeich-
nungen zur Berechnung von Zwischenergebnissen können  B i l d
3  entnommen werden.

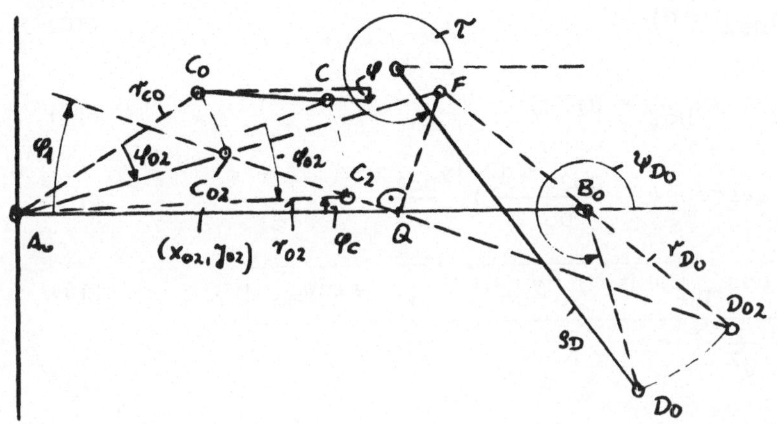

**Bild 3** Darstellung zur Berechnung der Zwischenwerte

$$\phi = \arctan \frac{y_C - y_{CO}}{x_C - x_{CO}} \tag{1}$$

$$\phi_1 = \left(\arcsin \frac{(y_C - x_C \tan\phi) \cdot \cos\phi \cdot (i_z + 1)}{d}\right)\frac{|\phi|}{\phi} \tag{2}$$

$$r_{CO} = \sqrt{x_{CO}^2 + y_{CO}^2} \tag{3}$$

$$\phi_{O2} = \arctan \frac{y_{CO}}{x_{CO}} + \phi_1 - \phi \tag{4}$$

$$x_{O2} = r_{CO} \cdot \cos\phi_{O2} \quad ; \quad y_{O2} = r_{CO} \cdot \sin\phi_{O2} \tag{5}$$

$$x_F = \frac{d}{(i_z + 1)(\tan\phi_1 \cdot \tan\phi_{O2} + 1)} \tag{6}$$

$$y_F = \tan\phi_{O2} (x_F - x_{O2}) + y_{O2} \tag{7}$$

$$m_2 = \frac{y_F}{x_F - d} \tag{8}$$

$$x_{Do2} = \frac{d\left(\dfrac{\tan\phi_1}{i_z + 1} - m_2\right)}{\tan\phi_1 - m_2} \tag{9}$$

$$y_{Do2} = m_2 \, (x_{Do2} - d) \tag{10}$$

$$r_{Do} = \sqrt{y_{Do2}^2 + (x_{Do2} - d)^2} \tag{11}$$

$$\psi_{Do} = 180 - \left(\arccos\left(-\frac{x_{Do2} - d}{r_{Do}}\right)\right)\frac{|y_{Do2}|}{y_{Do2}} + \frac{\phi_1 - \phi}{i_z} \tag{12}$$

$$\boxed{x_{Do} = r_{Do} \cdot \cos\psi_{Do} + d \quad ; \quad y_{Do} = r_{Do} \cdot \sin\psi_{Do}} \tag{13}$$

$$r_c = \sqrt{x_c^2 + y_c^2} \tag{14}$$

$$\phi_c = \arctan\frac{y_c}{x_c} + \phi_1 - \phi \tag{15}$$

$$x_{c2} = r_c \cdot \cos\phi_c \quad ; \quad y_{c2} = r_c \cdot \sin\phi_c \tag{16}$$

$$r_{D2} = \sqrt{y_{c2}^2 + (x_{c2} - d)^2} \tag{17}$$

$$\psi_D = 180 - \left(\arccos\left(-\frac{x_{c2} - d}{r_{D2}}\right)\right) \cdot \frac{|y_{c2}|}{y_{c2}} + \frac{\phi_1 - \phi}{i_z} \tag{18}$$

$$\boxed{\begin{aligned}
x_D &= r_{D2} \cdot \cos\psi_D + d \quad ; \quad y_D = r_{D2} \cdot \sin\psi_D \tag{19}\\[2mm]
\rho_D &= \sqrt{(x_D - x_{Do})^2 + (y_D - y_{Do})^2} \tag{20}\\[2mm]
\tau &= 180 - \left(\arccos\left(-\frac{x_{Do} - x_D}{\rho_D}\right)\right) \cdot \frac{|y_{Do} - y_D|}{y_{Do} - y_D} \tag{21}
\end{aligned}}$$

Als Hauptergebnisse gelten die Lösungen der Gleichungen (13),
(19), (20) und (21). Sie werden vom Programm wahlweise nume-
risch oder in graphischer Form ausgegeben. Zur Kontrolle besteht zusätzlich die Möglichkeit, Zwischenergebnisse auszudrucken.

## 2 PROGRAMMBESCHREIBUNG

### 2.1 Struktur des Programms

B i l d  4  zeigt das Flußdiagramm. Es wird zunächst die
Möglichkeit geboten, mit einem im Programm vorgegebenen Daten-
satz eine Testberechnung auszuführen. Ist dies nicht nötig,
wird die interaktive Paramentrierung gestartet. Im Block
"Berechnungen" (ab Zeile 1000) wird der Gleichungssatz (1)
bis (21) bearbeitet. Anschließend (ab Zeile 2000) können drei
Ausgabefälle angewählt werden:

(1) alle Zwischen- und Hauptergebnisse für einen Profilpunkt;
(2) alle Hauptergebnisse für alle spezifizierten Profilpunkte;
(3) graphische Ausgabe entsprechend  B i l d  2.

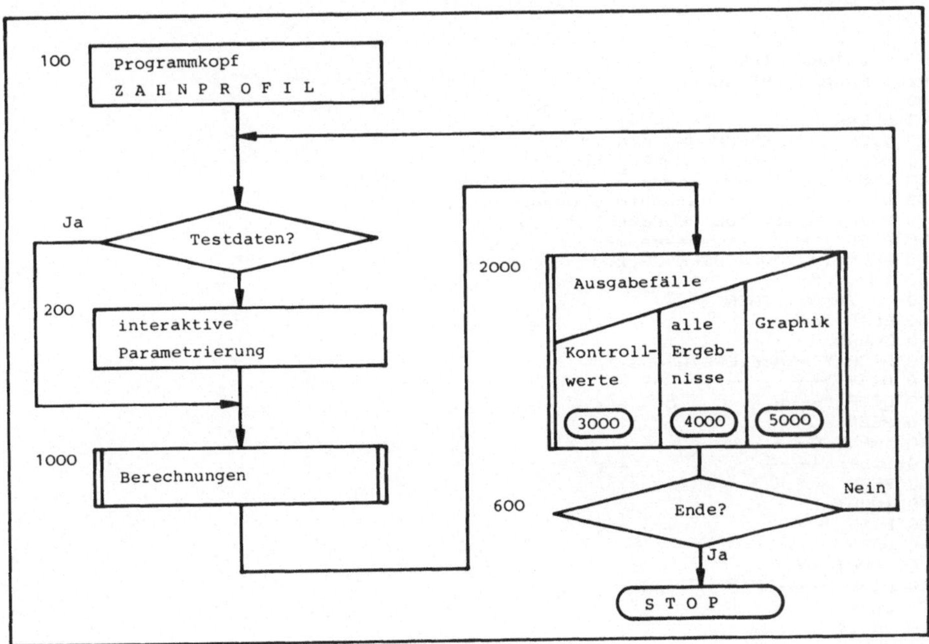


Bild 4 Flußdiagramm "Zahnprofil"

## 2.2 Anweisungsliste

```
100 ! **************************
110 ! *      ZAHNPROFILE       *
120 ! *  PROGRAMM "ZAHN"       *
130 ! *      JANUAR 1982       *
140 ! **************************
141 !
142 CLEAR § RESTORE
143 DISP "**********************************"
144 DISP "*                                *"
145 DISP "*      Z A H N P R O F I L       *"
146 DISP "*                                *"
147 DISP "**********************************"
148 DISP " "
149 DISP "    Berechnung mit vorpro-"
150 DISP "    grammiertem Parametersatz" § DISP " "
151 DISP "           ===>    Ä1Ü" § DISP " "
152 DISP "    Interaktive Parametereingabe" § DISP " "
153 DISP "           ===>    Ä2Ü"
154 BEEP 10,200 § BEEP 20,200
155 INPUT X$
156 IF X$="1" THEN 160
157 IF X$="2" THEN 200
158 GOTO 155
160 !
161 READ D,I,X0,Y0,X9(1),Y9(1),X9(2),Y9(2),X9(3),Y9(3),X9(4),Y9(4),X9(5),Y9(5)
162 DATA 120,.5,38.5,25,66,23.5,64.8,16.5,62.1,10.9,59,6.8,54.5,2.5
163 GOTO 500
170 !
180 !
200 ! INTERAKTIVE
201 ! PARAMETEREINGABE
202 !
203 CLEAR
205 DISP "    BERECHNUNG EINES"
210 DISP "    GEGEN-ZAHNPROFILS"
220 DISP "---------------------------------" § DISP " "
230 DISP "Fuer die Parametereingabe" § DISP " "
240 DISP "Taste ÄGÜ druecken" § DISP " "
250 DISP "===================="
255 BEEP 10,200 § BEEP 20,200
260 INPUT X$
270 IF X$="G" THEN 290
280 GOTO 260
290 CLEAR
300 DISP "PARAMETEREINGABE :"
310 DISP "---------------------------------" § DISP " "
320 DISP "----          d   =";
330 BEEP
340 INPUT D
350 DISP "----          iz  =";
360 BEEP
370 INPUT I
380 DISP "----          xco =";
390 BEEP
400 INPUT X0
410 DISP "----          yco =";
420 BEEP
430 INPUT Y0
435 FOR K=1 TO 5
440 DISP "----    xc(";K;") =";
450 BEEP
460 INPUT X9(K)
470 DISP "----    yc(";K;") =";
480 BEEP
490 INPUT Y9(K)
495 NEXT K
496 !
500 BEEP 10,200 § BEEP 20,200
```

```
510 WAIT 2000
520 !
530 ! AUFRUF: BERECHNUNG
540 !
550 GOSUB 1000
560 !
570 ! AUFRUF: AUSGABEFAELLE
580 !
590 GOSUB 2000
600 !
610 ! NEUSTART ?
620 !
630 CLEAR
640 DISP "WAHLMOEGLICHKEITEN :"
650 DISP "=====================" § DISP " "
660 DISP "  Neuanfang   ===>    ÄNÜ" § DISP " "
670 DISP "  Beendigung  ===>    ÄEÜ" § DISP " "
680 BEEP 10,200 § BEEP 20,200
690 INPUT X$
700 IF X$="N" THEN 100
710 IF X$="E" THEN 740
720 GOTO 690
730 !
740 ! BEENDIGUNG DES PROGRAMMS
750 !
760 CLEAR
770 DISP " " § DISP " " § DISP " "
780 DISP "**********************"
790 DISP "*                    *"
800 DISP "*        ENDE        *"
810 DISP "*        des    .    *"
820 DISP "*                    *"
830 DISP "*      Programms     *"
840 DISP "*                    *"
850 DISP "*     'ZAHNPROFIL'   *"
860 DISP "**********************"
870 BEEP 10,200 § BEEP 20,200 § BEEP 10,200 § BEEP 20,200
880 !
890 WAIT 10000
900 CHAIN "Autost"
910 !
920 END
1000 ! BERECHNUNGSROUTINEN
1010 ! ALS UNTERPROGRAMM
1012 ! GESCHRIEBEN
1015 !
1020 CLEAR
1022 FOR K=1 TO 5
1025 RAD
1030 F(K)=ATN((Y9(K)-Y0)/(X9(K)-X0))
1033 F(K)=F(K)*180/PI
1036 DEG
1040 F1(K)=ASN((Y9(K)-X9(K)*TAN(F(K)))*COS(F(K))*(I+1)/D)*ABS(F(K))/F(K)
1050 R0(K)=SQR(X0^2+Y0^2)
1060 F2(K)=ATN(Y0/X0)+F1(K)-F(K)
1070 X2(K)=R0(K)*COS(F2(K))
1080 Y2(K)=R0(K)*SIN(F2(K))
1090 X3(K)=D/((I+1)*(TAN(F1(K))*TAN(F2(K))+1))
1100 Y3(K)=TAN(F2(K))*(X3(K)-X2(K))+Y2(K)
1110 M2(K)=Y3(K)/(X3(K)-D)
1120 X4(K)=D*(TAN(F1(K))/(I+1)-M2(K))/(TAN(F1(K))-M2(K))
1130 Y4(K)=M2(K)*(X4(K)-D)
1140 R1(K)=SQR(Y4(K)^2+(X4(K)-D)^2)
1150 P0(K)=180-ACS(-((X4(K)-D)/R1(K)))*ABS(Y4(K))/Y4(K)+(F1(K)-F(K))/I
1160 X1(K)=R1(K)*COS(P0(K))+D
1170 Y1(K)=R1(K)*SIN(P0(K))
1180 R3(K)=SQR(X9(K)^2+Y9(K)^2)
1190 F3(K)=ATN(Y9(K)/X9(K))+F1(K)-F(K)
1200 X5(K)=R3(K)*COS(F3(K))
1210 Y5(K)=R3(K)*SIN(F3(K))
1220 R5(K)=SQR(Y5(K)^2+(X5(K)-D)^2)
1230 P(K)=180-ACS(-((X5(K)-D)/R5(K)))*ABS(Y5(K))/Y5(K)+(F1(K)-F(K))/I
```

```
1240 X(K)=R5(K)*COS(P(K))+D
1250 Y(K)=R5(K)*SIN(P(K))
1260 R(K)=SQR((X(K)-X1(K))^2+(Y(K)-Y1(K))^2)
1270 T(K)=180-ACS(-((X1(K)-X(K))/R(K)))*ABS(Y1(K)-Y(K))/(Y1(K)-Y(K))
1275 NEXT K
1280 RETURN
1290 !
1300 ! BERECHNUNGEN SIND
1310 ! AUSGEFUEHRT
1320 !
1330 !
1340 !
2000 ! AUSWAHL DER VERSCHIEDENEN
2010 ! AUSGABEMOEGLICHKEITEN
2020 !
2030 !
2040 CLEAR
2050 DISP "AUSGABEMOEGLICHKEITEN :"
2060 DISP "-----------------------------------" § DISP " "
2070 DISP "   Alle Kontrollwerte ==> ÄKÜ" § DISP " "
2080 DISP "   Hauptergebnisse    ==> ÄHÜ" § DISP " "
2090 DISP "   Graphische Ausgabe ==> ÄGÜ" § DISP " "
2095 DISP "   Beendigung         ==> ÄEÜ" § DISP " "
2100 BEEP 10,200 § BEEP 20,200
2110 INPUT X$
2120 IF X$="K" THEN 2200
2130 IF X$="H" THEN 2250
2140 IF X$="G" THEN 2300
2145 IF X$="E" THEN RETURN
2150 GOTO 2110
2160 !
2170 !
2200 ! UNTERPROGRAMM 'KONTROLL'
2210 GOSUB 3000
2220 GOTO 2000
2230 !
2240 !
2250 ! UNTERPROGRAMM 'HAUPTERG'
2260 GOSUB 4000
2270 GOTO 2000
2280 !
2290 !
2300 ! UNTERPROGRAMM 'GRAPHIK'
2310 GOSUB 5000
2320 GOTO 2000
2330 !
2340 !
2400 !
2410 !
3000 ! UNTERPROGRAMM
3010 ! 'KONTROLLWERTE'
3020 !
3030 CLEAR
3040 DISP "AUSGABE ALLER KONTROLLWERTE"
3050 DISP "-----------------------------------" § DISP " "
3060 DISP "    auf Bildschirm  ==>  ABÜ" § DISP " "
3070 DISP "    auf Drucker     ==>  ADÜ" § DISP " "
3080 BEEP 10,200 § BEEP 20,200
3090 INPUT X$
3100 IF X$="B" THEN 3140
3110 IF X$="D" THEN 3130
3120 GOTO 3090
3130 CRT IS 2
3140 !
3150 CLEAR
3160 DISP "ZAHNPROFIL"
3170 DISP "Ausgabe aller Zwischen-"
3180 DISP "und Hauptergebnisse"
3185 DISP "fuer einen Parametersatz"
3190 DISP "-----------------------------------" § DISP " "
3200 DISP " * Eingabeparameter:"
3210 DISP "        d      =";D
```

```
3220 DISP "       iz   =";I
3230 DISP "       xco  =";X0
3240 DISP "       yco  =";Y0
3255 DISP "       xc(1)=";X9(1)
3260 DISP "       yc(1)=";Y9(1)
3270 DISP "-------------------------"
3280 DISP " "
3290 DISP " ==> Ergebnisse:"
3295 DISP " "
3300 WAIT 2000
3310 DISP " Phi   =";F(1)
3320 DISP " Phi1  =";F1(1)
3330 DISP " rCO   =";R0(1)
3340 DISP " Phi02 =";F2(1)
3350 DISP " x02   =";X2(1)
3360 DISP " y02   =";Y2(1)
3370 DISP " xF    =";X3(1)
3380 DISP " yF    =";Y3(1)
3390 DISP " m2    =";M2(1)
3400 DISP " xD02  =";X4(1)
3410 DISP " yD02  =";Y4(1)
3420 DISP " rDO   =";R1(1)
3430 DISP " PsiDO =";P0(1)
3440 DISP " rC    =";R3(1)
3450 DISP " PhiC  =";F3(1)
3460 DISP " xC2   =";X5(1)
3470 DISP " yC2   =";Y5(1)
3480 DISP " rD2   =";R5(1)
3490 DISP " PsiD  =";P(1)
3500 DISP "-------------------------"
3510 DISP " * Hauptergebnisse :"
3515 DISP " "
3520 DISP " xDO   =";X1(1)
3530 DISP " yDO   =";Y1(1)
3540 DISP " "
3550 DISP " xD    =";X(1)
3560 DISP " yD    =";Y(1)
3570 DISP " RhoD  =";R(1)
3580 DISP " Tau   =";T(1)
3590 DISP "-------------------------"
3595 WAIT 3000
3600 !
3610 CRT IS 1
3620 RETURN
3630 !
3640 !
4000 ! UNTERPROGRAMM
4010 ! 'HAUPTERGEBNISSE'
4020 !
4030 CLEAR
4040 DISP "AUSGABE DER HAUPTERGEBNISSE"
4050 DISP "-------------------------------------" § DISP " "
4060 DISP "    auf Bildschirm  ==>   ÄBÜ" § DISP " "
4070 DISP "    auf Drucker     ==>   ÄDÜ" § DISP " "
4080 BEEP 10,200 § BEEP 20,200
4090 INPUT X$
4100 IF X$="B" THEN 4140
4110 IF X$="D" THEN 4130
4120 GOTO 4090
4130 CRT IS 2
4140 !
4150 CLEAR
4160 DISP "ZAHNPROFIL"
4170 DISP "Ausgabe der Hauptergebnisse"
4180 DISP "-------------------------------------" § DISP " "
4185 FOR K=1 TO 5
4190 DISP " * Eingabeparameter:"
4200 DISP "    d   =";D
4210 DISP "    iz  =";I
4220 DISP "    xco =";X0
4230 DISP "    yco =";Y0
4240 FOR K=1 TO 5
```

```
4245 DISP "        xc(";K;") =";X9(K)
4250 DISP "        yc(";K;") =";Y9(K)
4260 DISP "----------------------------------"
4280 DISP " ==> Hauptergebnisse fuer"
4285 DISP "        Parametersatz";K
4290 DISP " ================================" § DISP " "
4295 WAIT 2000
4300 DISP "        xDO  =";X1(K)
4310 DISP "        yDO  =";Y1(K)
4320 DISP " "
4330 DISP "        xD   =";X(K)
4340 DISP "        yD   =";Y(K)
4350 DISP "        RhoD =";R(K)
4360 DISP "        Tau  =";T(K)
4370 DISP "----------------------------------"
4375 WAIT 3000
4377 NEXT K
4380 !
4390 CRT IS 1
4400 RETURN
4410 !
4420 !
5000 ! UNTERPROGRAMM
5010 ! 'GRAPHIK'
5020 !
5030 CLEAR
5040 GCLEAR
5050 SCALE -20,150,-40,60
5060 XAXIS 0,10
5070 YAXIS 0,10
5080 LDIR 0
5090 MOVE -1.5,-2
5100 LABEL "o"
5105 MOVE -5,-6
5106 LABEL "A"
5110 MOVE 118.5,-2
5120 LABEL "o"
5125 MOVE 118.5,-6
5126 LABEL "B"
5127 FOR K=1 TO 5
5130 PENUP
5140 PLOT XO,YO
5150 IMOVE -1.5,-1.5
5160 LABEL "o"
5165 IMOVE -3,5
5166 LABEL "Co"
5170 PLOT X9(K),Y9(K)
5180 IMOVE -1.5,-1.5
5190 LABEL "o"
5200 IMOVE -3,4
5210 LABEL "C"
5220 PLOT XO,YO
5230 PLOT X9(K),Y9(K)
5231 NEXT K
5235 DEG
5240 SCALE -(20+XO),150-XO,-(40+YO),60-YO
5245 DEG
5246 W=(X9(1)-XO)/COS(F(1))
5250 MOVE 0,W
5260 FOR A=0 TO 180 STEP 9
5270 DRAW W*SIN(A),W*COS(A)
5280 NEXT A

5290 DRAW -XO,-YO
5300 MOVE 0,W
5310 DRAW -XO,-YO
5320 !
5330 MOVE -(XO-5),-(YO+40)
5340 LABEL "ZAHNPROFIL"
5350 !
5360 SCALE -20,150,-40,60
5370 FOR K=1 TO 5
5380 PENUP
5390 PLOT X(K),Y(K)
5400 IMOVE -1.5,-1.5
5410 LABEL "o"
5420 IMOVE 5,0
5430 LABEL VAL$(K)
5440 PLOT X1(K),Y1(K)
5450 IMOVE -1.5,-1.5
5460 LABEL "o"
5470 IF K=2 THEN 5510
5480 IF K=4 THEN 5510
5490 IMOVE 0,5
5500 GOTO 5520
5510 IMOVE 0,-5
5520 LABEL VAL$(K)
5530 NEXT K
5540 !
5550 MOVE X(5),Y(5)
5560 DRAW X(4),Y(4)
5570 DRAW X(3),Y(3)
5580 DRAW X(2),Y(2)
5590 DRAW X(1),Y(1)
5600 DRAW 120,0
5610 DRAW X(5),Y(5)
5620 MOVE 60,50
5630 LABEL "gegebenes Profil"
5640 IMOVE 0,-5
5650 LABEL "Co-C"
5660 MOVE 100,25
5670 LABEL "ber.Profil"
5680 IMOVE 0,-5
5690 LABEL "Do-D"
5700 !
5710 WAIT 10000
5720 RETURN
```

## 3 BENUTZUNGSBEISPIEL

Nach dem Programmstart beginnt folgender Dialog, der hier als Bildschirmkopie wiedergegeben ist (Taste COPY):

```
*************************************
*                                   *
*       Z A H N P R O F I L         *
*                                   *
*************************************

   Berechnung mit vorpro-
   grammiertem Parametersatz

        ===>    [1]

   Interaktive Parametereingabe

        ===>    [2]
?
```

Nach der Antwort

[ 1 ]  [ END LINE ]  werden die Ausgabemöglichkeiten zur Wahl gestellt:

```
AUSGABEMOEGLICHKEITEN :
---------------------------------

   Alle Kontrollwerte ==> [K]

   Hauptergebnisse    ==> [H]

   Graphische Ausgabe ==> [G]

   Beendigung         ==> [E]
?
```

### 3.1 Alle Kontrollwerte

[ K ]  [ END LINE ]  ⟶

```
AUSGABE ALLER KONTROLLWERTE
---------------------------------

   auf Bildschirm  ==> [B]
   auf Drucker     ==> [D]
?
```

[ D ]  [ END LINE ]

```
ZAHNPROFIL
Ausgabe aller Zwischen-
und Hauptergebnisse
fuer einen Parametersatz
---------------------------------

 * Eingabeparameter:
   d    = 120
   lz   = .5
   xco  = 38.5
   yco  = 25
   xc(1)= 66
   yc(1)= 23.5
---------------------------------
```

```
==> Ergebnisse:

Phi   =-3.12213046212
Phi1  =-19.7701197138
rC0   = 45.9047927781
Phi02 = 16.3497158495
x02   = 44.0484669816
y02   = 12.9221730592
xF    = 89.4298648443
yF    = 26.2353781952
m2    =-.858202885319
xD02  = 148.825579329
yD02  =-24.7381953511
rD0   = 37.9854226366
PsiD0 = 286.067733163
rC    = 70.0589037882
PhiC  = 2.95082207292
xC2   = 69.9660118279
yC2   = 3.60654805929
rD2   = 50.1638032979
PsiD  = 142.581159934
---------------------------------
 * Hauptergebnisse :

xD0   = 139.513359683
yD0   =-36.5015287495

xD    = 80.1591620093
yD    = 30.4813843109
RhoD  = 83.7989013378
Tau   = 306.933901783
---------------------------------
```

Nach dieser Ergebnisauslistung kehrt das Programm zu den AUSGABEMOEGLICHKEITEN zurück.

## 3.2 Hauptergebnisse

| H |   | END LINE |

und

| D |   | END LINE |

```
ZAHNPROFIL
Ausgabe der Hauptergebnisse
-------------------------------

 * Eingabeparameter:
    d   = 120
    iz  = .5
   xco  = 38.5
   yco  = 25
     xc( 1 ) = 66
     yc( 1 ) = 23.5
-------------------------------
 ==> Hauptergebnisse fuer
     Parametersatz 1
===============================

    xD0  = 130.513359683
    yD0  =-36.5015287495

    xD   = 80.1591620093
    yD   = 30.4813843109
   RhoD  = 83.7989013378
   Tau   = 306.933901783
-------------------------------
   xc( 2 ) = 64.8
   yc( 2 ) = 16.5
-------------------------------
 ==> Hauptergebnisse fuer
     Parametersatz 2
===============================

    xD0  = 121.0583321
    yD0  =-25.5705261744

    xD   = 70.8536890714
    yD   = 22.1004465618
   RhoD  = 69.231696666
   Tau   = 316.482863731
```

```
   xc( 3 ) = 62.1
   yc( 3 ) = 10.9
-------------------------------
 ==> Hauptergebnisse fuer
     Parametersatz 3
===============================

    xD0  = 117.047271694
    yD0  =-22.3177093775

    xD   = 62.183804683
    yD   = 11.0377315896
   RhoD  = 64.2073629312
   Tau   = 328.70157821
-------------------------------
   xc( 4 ) = 59
   yc( 4 ) = 6.8
-------------------------------
 ==> Hauptergebnisse fuer
     Parametersatz 4
===============================

    xD0  = 117.32837848
    yD0  =-22.3642096034

    xD   = 55.7767920062
    yD   =-2.88326654949
   RhoD  = 64.5608622906
   Tau   = 342.437534058
-------------------------------
   xc( 5 ) = 54.5
   yc( 5 ) = 2.5
-------------------------------
 ==> Hauptergebnisse fuer
     Parametersatz 5
===============================

    xD0  = 122.194708173
    yD0  =-22.8323012088

    xD   = 53.1010540871
    yD   =-27.9355845767
   RhoD  = 69.2818629662
   Tau   = 4.224217505
-------------------------------
```

## 3.3 Graphische Ausgabe

| G |   | END LINE |   ⟶

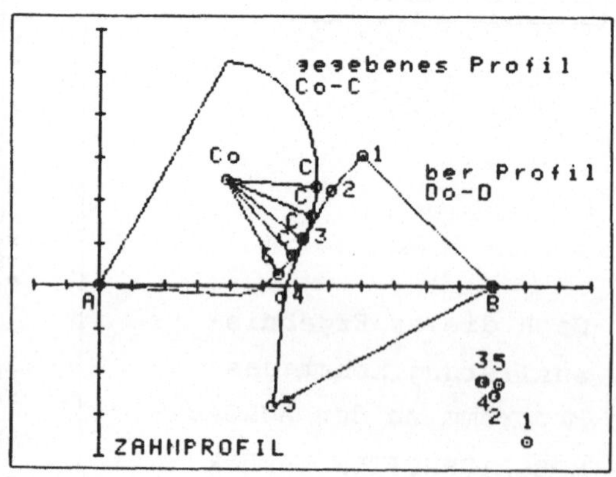

Damit ist ein vollständiger Zyklus durchgelaufen, und es
werden erneut die AUSGABEMOEGLICHKEITEN angeboten. Mit
$\boxed{\text{E}}$ $\boxed{\text{END LINE}}$ kann definiert abgeschlossen oder neu gestartet werden.


LITERATURVERZEICHNIS

[1]  S c h u m n y, H.: Rechner für den Konstrukteur -
     Auswahl und Einsatz. VDI-Berichte (1982) Nr. 434, S. 1 - 11


[2]  H a i n, K.: Das Zweikurven-Hebelgetriebe, eine "Brücke"
     zwischen gleichmäßig und ungleichmäßig übersetzenden
     Getrieben. VDI-Ber. Nr. 374 (1980), S. 43 - 47


[3]  H a i n, K.: Getriebetechnik, Kinematik für AOS- und
     UPN-Rechner. Braunschweig/Wiesbaden: Vieweg 1981


[4]  K e r l e, H.: Private Mitteilung, September 1981


[5]  K e r l e, H.: Getriebetechnik, Dynamik für AOS- und
     UPN-Rechner. Braunschweig/Wiesbaden: Vieweg 1982.


[6]  H a i n, K.: Programm Zahnprofil. Private Mitteilung,
     August 1981


[7]  H a i n, K.: Rechenprogramm für beschleunigungsgleiche
     Getriebe mit unterschiedlichen Hauptbewegungen. Werkstatt
     u. Betrieb 109 (1976) Nr. 2, S. 73 - 80

# Kollektorfläche einer Solaranlage
von Werner Hürlimann

Das Rechnen von Investitionsvarianten für den Wirtschaftlich-
keitsvergleich von Solaranlagen kann sehr umständlich und
zeitraubend werden - besonders wenn innerhalb dieser Varianten
noch gewisse Eingabedaten variiert werden sollen. Hier kann
nur noch der Computer weiterhelfen: Mit Hilfe eines BASIC-
Programms ist es möglich, entsprechende Schätzmodelle (vgl.
T a b e l l e  1) aufzustellen und nötigenfalls zu erweitern
(T a b e l l e  2). Wir zeigen als Beispiel ein einfaches
Schätzprogramm, das einige besonders wichtige Variablen enthält und sich auf einen beschränkten Anwendungsbereich (Ein-
familienhaus ohne Schwimmbad, Anwendung von Solarkollektoren)
bezieht. Ein solches Programm dient der Vorabklärung, bevor
man sich hinter die Detailprojektierung macht, oder aber für
grobe Schätzungen über die grundsätzliche Eignung des Solar-
projekts. Wenn nach dieser Vorabklärung ein detailliertes
Pflichtenheft sowie entsprechende Offerten vorliegen, können
diese mit Hilfe eines erweiterten Programms (T a b e l l e  2)
durchgerechnet und variiert werden. Auf dieser Stufe sind
natürlich Architekten und Heizungsfachleute als Berater beizu-
ziehen, um ein realistisches Modell zu erhalten.

<u>Tabelle 1</u> Eingabedaten und Output eines einfachen Schätz-
programms für die Kollektorfläche einer Solaranlage

<table>
<tr><td>

<u>Art des Gebäudes</u>

Einfamilienhaus

Schwimmbad

Einfamilienhaus mit Schwimmbad

Mehrfamilienhaus

<u>Standort</u>

9 schweizerische Standorte mit gegebenen mittleren Jahres-
werten für Globaleinstrahlung in kWh/m$^2$

</td></tr>
</table>

<u>Bauliche Gegebenheiten</u>
Flachdach
Dachanbringung möglich
Firstdach
- Richtung
- Neigungswinkel

<u>Schätzung Wärmebedarf</u>
Anzahl Personen mit Warmwasserbedarf
Verfügbare Montagefläche für Kollektoren

<u>Output</u>
Benötigte Kollektorfläche
Prozentuale Deckung des Wärmebedarfs durch Sonnenenergie

<u>Tabelle 2</u> Erweiterungsmöglichkeiten für das vereinfachte
Schätzmodell gemäß  T a b e l l e  1

<u>Art des Gebäudes</u>
Differenzierung nach Stockwerk- und Raumanzahl

<u>Standort</u>
Effektive mittlere Jahreswerte für Globaleinstrahlung am
Standort
Berücksichtigung von saisonalen Besonderheiten

<u>Schätzung Wärmebedarf</u>
Differenzierung des persönlichen Warmwasserbedarfs
Besondere Schätzung für den Heizwärmebedarf aufgrund
baulicher Faktoren.
- Fläche bzw. Inhalt der Räumlichkeiten
- Art und Stärke des Mauerwerks
- Flächen und Verglasungsart der Fenster
- Außentemperatur sowie Temperaturdifferenzen zu Nachbar-
  räumen
Ergänzung durch herkömmliche Heizung bzw. im Energie-
Verbundsystem (Absorber, Wärmepumpe, Solargeneratoren usw.)
Art und Größe der verfügbaren Wärmespeicher
Möglichkeiten der Zusatzversorgung
Einfluß von zusätzlicher Isolation, sowie beim Schwimmbad
Abdeckung und Windschutz

Art und Wirkungsgrad des Heizsystems

<u>Betriebsart</u>
Sonnenkollektor
- als Hauptversorger
- als Teil eines Gesamtenergiesystems
Zusatzversorgung
- Ölheizung
- Sonnengeneratoren
Andere Systeme

<u>Betriebswirtschaftliche Daten</u>
Investitionen
Abschreibungssatz
Zinssatz
Jahreskosten insgesamt (ohne Abschreibungen und Zinsen)
Einsparmöglichkeiten an konventioneller Energie pro Jahr

<u>Resultat (Output)</u>
Gesamte Jahreskosten
Anzahl der zum Rückfluß der Investitionen (Payback)
benötigten Jahre
Benötigter Energiebedarf, notwendige Kollektorfläche
Verteilung des Energiebedarfs auf Sonnenenergie und
Deckung durch herkömmliche Energieformen

```
LIST
0010 REM SONNENENERGIE
0015 PRINT "<12>"
0020 PRINT ,"EDV-SEMESTERARBEIT 1980 W.HUERLIMANN"
0030 PRINT
0040 PRINT
0050 PRINT ,,"<20>SONNENENERGIE<21>"
0060 PRINT
0070 PRINT
0080 PRINT "  PROGRAMM ZUR KOSTENBERECHNUNG UND PROJEKTIERUNG "
0090 PRINT "  EINER SONNENENERGIEANLAGE"
0100 PRINT
0120 PRINT "WUENSCHEN SIE INFORMATIONEN UEBER"
0130 PRINT "A: EINFAMILIENHAUS OHNE SCHWIMMBAD?"
0140 PRINT "B: EINFAMILIENHAUS MIT            "
0150 PRINT "C: MEHRFAMILIENHAUS (1-2-STOCKIG ,1-4 WOHNUNGEN,16-20PERS.)"
0160 INPUT "A,B,ODER C?",A$
0170 IF A$="A" THEN GOTO 0250
0180 IF A$="B" THEN GOTO 0260
0190 IF A$="C" THEN GOTO 0270
0250 PRINT "<12>"
0260 PRINT "BERECHNUNG FUER EIN <20>EINFAMILIENHAUS<21>"
0270 PRINT
0280 GOSUB 0520
0290 GOSUB 0840
0300 GOSUB 1140
0510 STOP
0520 REMSOUBROUTINE:STANDORT
0530 PRINT "IN WELCHER GEGEND LIEGT DAS PROJEKT:"
0540 PRINT "BASEL(1)"
0550 PRINT "BERN (2)"
0560 PRINT "GENF (3)"
0570 PRINT "LOCARNO(4)"
0580 PRINT "MONTANA S. SIERRE(5)"
0590 PRINT "ST.GALLEN(6)"
0600 PRINT "ST.MORITZ(7)"
0610 PRINT "ZUERICH-KLOTEN(8)"
0620 PRINT "DAVOS(9)"
0625 PRINT
0630 INPUT "TIPPEN SIE DIE IN KLAMMERN STEHENDE ZAHL EIN",D
0640 IF D=1 THEN LET T=108
0650 IF D=1 THEN LET H=85.5
0660 IF D=2 THEN LET T=111
0670 IF D=2 THEN LET H=88.8
0680 IF D=3 THEN LET T=126
0690 IF D=3 THEN LET H=100
0700 IF D=4 THEN LET T=135
0710 IF D=4 THEN LET H=107.5
0720 IF D=5 THEN LET T=135
0730 IF D=5 THEN LET H=107.5
0740 IF D=6 THEN LET T=96.3
0750 IF D=6 THEN LET H=76.6
0760 IF D=7 THEN LET T=134
0780 IF D=7 THEN LET H=98.8
0790 IF D=8 THEN LET T=100
0800 IF D=8 THEN LET H=78.8
0810 IF D=9 THEN LET T=140
0820 IF D=9 THEN LET H=97.4
0830 RETURN
0840 REM DACH
0850 PRINT "<12>"
0860 PRINT "ZUR BERECHNUNG DER EINSTRAHLUNG MUSS DER DACHNEIGUNGSWINKEL"
0870 PRINT "DIE FORM UND HIMMELSRICHTUNG BERUECKSICHTIGT WERDEN."
0880 PRINT
0890 PRINT "(1)GEGEN SUEDEN GERICHTET MIT VERAENDERLICHEM WINKEL"
0900 PRINT "(2) II        II        II      MIT 45 GRAD"
0910 PRINT "(3) II        II        II      MIT ANDEREM WINKEL"
0920 PRINT "(4) GEGEN SUEDEN GERICHTETE WAND"
0930 PRINT "(5) FLACHDACH"
0940 PRINT
0950 INPUT "ZAHL( )-STIMMT KEINE(6),MEHRERE(7)",E
```

```
0951 IF E<>7 THEN GOTO 0960
0952 INPUT " WELCHE( VON 1 BIS 5 )?",E
0953 GOTO 0960
0960 READ F(1),F(2),F(3),F(4),F(5)
0970 DATA 100,85,3,62,5
0980 LET N=F(E)
0985 IF E=6 THEN GOTO 1400
0990 IF N<>3 THEN GOTO 1060
1000 PRINT
1010 INPUT "WIE GROSS IST DER WINKEL?",G
1015 IF G<45 THEN LET N=(85-((45-G)*.51))
1018 IF G>45 THEN LET N=(85-((G-45)*.51))
1060 IF N=5 THEN LET H=((H*38)/100)
1070 IF N=5 THEN GOTO 1130
1080 LET H=(T*N)/100
1090 IF E=6 THEN GOTO 1130
1110 INPUT " WINKEL ZWISCHEN DACHGIEBEL UND OST-WEST-ACHSE?",I
1120 LET H=(H*(100-(I*.584))/100)
1130 RETURN
1140 REM SOUBROUTINE:WAERMEBEDARF
1150 PRINT "<12>"
1160 PRINT ,"BERECHNUNG DES WAERMEBEDARFS"
1170 PRINT
1180 PRINT "WIEVIELE PERSONEN BRAUCHEN IN DIESEM HAUS "
1190 PRINT "WARMES WASSER ?"
1200 INPUT "TIPPEN SIE EINE ZAHL ZWISCHEN 1 UND 8:",W
1210 LET W=W*124
1220 LET K=W/(H*.3)
1230 IF A$="B" THEN GOTO 0260
1240 PRINT
1250 PRINT "STEHEN IHNEN ";K;"QUADRATMETER UNTER DEN "
1260 PRINT "EINGETIPPTEN BEDINGUNGEN ZUR MONTAGE"
1270 PRINT "VON SONNENKOLLEKTOREN ZUR VERFUEGUNG ?"
1280 INPUT "TIPPEN SIE J FUER JA ODER N:",B$
1290 IF B$="J" THEN GOTO 1390
1300 PRINT
1305 LET W3=1
1310 PRINT "WIEVIELE QUADRATMETER KOENNEN SIE MIT "
1320 PRINT "SONNENKOLLEKTOREN BEDECKEN?"
1330 INPUT "QUADRATMETER:",K1
1340 LET W1=(100*K1*H*.3)/W
1345 PRINT
1350 IF W1>40 THEN GOTO 1385
1355 LET W2=1
1360 PRINT "SIE KOENNEN NUR ";W1;"% DES WARMWASSER"
1370 PRINT "BEDARFES MIT SONNENENERGIE AUFWAERMEN"
1380 INPUT "WUNSCHEN SIE WEITERE INFOMATIONER J/N ?",B$
1384 GOTO 1390
1385 LET B$="J"
1390 IF B$="J" THEN GOTO 1460
1400 PRINT "<12>"
1410 PRINT ,,"ENDE DES PROGRAMMES"
1420 STOP
1430 END
1460 RETURN
```

```
* RUN

              EDV-SEMESTERARBEIT 1980 W.HUERLIMANN


                      SONNENENERGIE


   PROGRAMM ZUR KOSTENBERECHNUNG UND PROJEKTIERUNG
   EINER SONNENENERGIEANLAGE

WUENSCHEN SIE INFORMATIONEN UEBER
A: EINFAMILIENHAUS OHNE SCHWIMMBAD?
B: EINFAMILIENHAUS MIT
C: MEHRFAMILIENHAUS (1-2-STOCKIG ,1-4 WOHNUNGEN,16-20PERS.)
A,B,ODER C?A

BERECHNUNG FUER EIN EINFAMILIENHAUS

IN WELCHER GEGEND LIEGT DAS PROJEKT:
BASEL(1)
BERN (2)
GENF (3)
LOCARNO(4)
MONTANA S. SIERRE(5)
ST.GALLEN(6)
ST.MORITZ(7)
ZUERICH-KLOTEN(8)
DAVOS(9)

TIPPEN SIE DIE IN KLAMMERN STEHENDE ZAHL EIN8

ZUR BERECHNUNG DER EINSTRAHLUNG MUSS DER DACHNEIGUNGSWINKEL
DIE FORM UND HIMMELSRICHTUNG BERUECKSICHTIGT WERDEN.

(1)GEGEN SUEDEN GERICHTET MIT VERAENDERLICHEM WINKEL
(2) II      II        II      MIT 45 GRAD
(3) II      II        II       MIT ANDEREM WINKEL
(4) GEGEN SUEDEN GERICHTETE WAND
(5) FLACHDACH

ZAHL( ),STIMMT KEINE(6),MEHRERE(7)5

              BERECHNUNG DES WAERMEBEDARFS

WIEVIELE PERSONEN BRAUCHEN IN DIESEM HAUS
WARMES WASSER ?
TIPPEN SIE EINE ZAHL ZWISCHEN 1 UND 8:8

STEHEN IHNEN  110.428 QUADRATMETER UNTER DEN
EINGETIPPTEN BEDINGUNGEN ZUR MONTAGE
VON SONNENKOLLEKTOREN ZUR VERFUEGUNG ?
TIPPEN SIE J FUER JA ODER N:N

WIEVIELE QUADRATMETER KOENNEN SIE MIT
SONNENKOLLEKTOREN BEDECKEN?
QUADRATMETER:20

SIE KOENNEN NUR  18.1113 % DES WARMWASSER
BEDARFES MIT SONNENENERGIE AUFWAERMEN
WUNSCHEN SIE WEITERE INFOMATIONER J/N ?N

                  ENDE DES PROGRAMMES


STOP AT 1420
```

# Vier technische Programme für Luxor ABC-80 und BASF 7100

von Helmut Richter

## 1 PROJEKTIERUNG DER ANORDNUNG VON BELEUCHTUNGSKÖRPERN

### Allgemeines

Das Programm LICHT berechnet die Beleuchtungsstärke auf ausgewählten Stellen des Fußbodens eines Raumes aufgrund der Lichtstärke und der Position von einer veränderlichen Anzahl von
Beleuchtungskörpern.

### Berechnungsverfahren

Im Programm ist eine Standard-Lichtstärkeverteilung für einen
Beleuchtungskörper in einer Tabelle mit der Lichtstärke für die
verschiedenen Winkel vorgegeben:

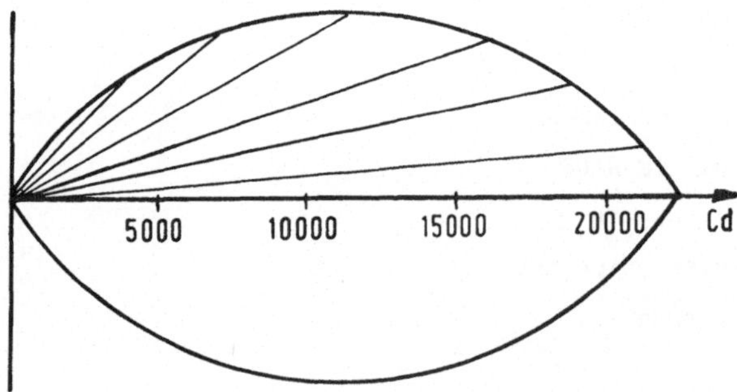


Diese Verteilung kann vom Benutzer geändert werden.

Das Programm berechnet für eine vom Benutzer eingegebene Anordnung von Beleuchtungskörpern die Beleuchtungsstärke auf die
vom Benutzer ausgewählten Stellen des Fußbodens eines Raumes.
Der Benutzer muß dabei die maximale Entfernung angeben, bis zu
welcher der Einfluß eines Beleuchtungskörpers noch berücksichtigt werden soll.

## Hinweis für den Benutzer

Nach dem Laden des Programms muß der RUN-Befehl eingegeben
werden. Das Programm besteht aus einer Anleitung und dem
Rechenprogramm. Wird die Anleitung nicht gewünscht, muß "N"
eingetippt werden nach der Meldung:

BRAUCHEN SIE INFORMATIONEN (J/N)?

Wünscht der Benutzer nicht die Lichtstärkeverteilung des Beleuchtungskörpers zu ändern, muß "N" eingetippt werden nach
der Meldung:

WÜNSCHEN SIE DIE STANDARDLICHTWERTE ZU ÄNDERN?

Wird eine neue Lichtstärkeverteilung gewünscht, muß "J" eingetippt werden. Nach einer Anleitung müssen dann die Daten als
DATA-Anweisungen von Zeile 1 bis Zeile 9 eingegeben werden
nach dem Format:

1 DATA N, $A_1$, $C_1$, $A_2$, $C_2$, ..., $A_n$, $C_n$

2 DATA $A_{n+1}$, $C_{n+1}$, ...

. ....

. DATA ...$A_N$, $C_N$


Bedeutung der Parameter

| N | Anzahl der Punkte, die für die Lichtstärkeverteilung eingegeben werden |
|---|---|
| $A_n$ | Winkel im Bogenmaß |
| $C_n$ | Lichtstärke in Candela (cd) bei dem Winkel $A_n$ |

Nach einer Eingabe von einer neuen Lichtstärkeverteilung muß
das Programm mit einem RUN-Befehl neu gestartet werden.

Wurde keine neue Verteilung gewünscht, fordert das Programm
die Anordnung der Beleuchtungskörper an.

Meldung:

SIND DIE BELEUCHTUNGSKÖRPER IN EINER
LÜCKENLOSEN REIHEN-/SPALTENVERTEILUNG ANGEORDNET?

(1) Sind die Beleuchtungskörper in einer lückenlosen Längs-
    und Querverteilung angeordnet, kann "J" eingetippt werden.
    Danach folgt die Meldung:

WIEVIELE BELEUCHTUNGSKÖRPER GIBT ES?

Hier muß die Anzahl der Reihen (Zeilen) der Beleuchtungskörper
angegeben werden.

GEBEN SIE DIE X-KOORDINATE DES LEUCHTKÖRPERS

Hier muß eine X-Koordinate für jede Zeile eingegeben werden.
Nach jedem ? darf nur eine Koordinate eingetippt werden.

GEBEN SIE DIE Y-KOORDINATE DES LEUCHTKÖRPERS

Hier muß eine Y-Koordinate für jede Spalte eingegeben werden.
Nach jedem ? darf nur eine Koordinate eingetippt werden.


(2) Sind die Beleuchtungskörper nicht in einer lückenlosen
    Längs- oder Querverteilung angeordnet, muß "N" bei der
    oben angegebenen Meldung eingetippt werden.
    In diesem Fall folgt die Meldung:

WIEVIELE REIHEN SIND ES?

Hier muß die Anzahl aller Beleuchtungskörperreihen angegeben
werden.

GEBEN SIE DIE X-KOORDINATE JEDER REIHE

Hier muß für die ersten 5 Beleuchtungskörper die X-Koordinate
angegeben werden. Nach dem nächsten ? für die nächsten 5, usw.
Sind bei der letzten Eingabe weniger als 5 Eingabedaten, muß
statt Eingabedaten Ø eingegeben werden.

Danach folgt die Meldung:

WIEVIELE BELEUCHTUNGSKÖRPER SIND IN JEDER REIHE?

Hier muß die Anzahl der Beleuchtungskörper in jeder Reihe
(Anzahl der Spalten) eingegeben werden.

GEBEN SIE DIE Y-KOORDINATE JEDER SPALTE

Hier muß die Y-Koordinate entsprechend der X-Koordinatenein-
gabe eingegeben werden.

Nach der Koordinateneingabe kommt die Meldung:

SIND ALLE LEUCHTKÖRPER IN GLEICHER HÖHE?

Haben alle Beleuchtungskörper gleichen Abstand zum Boden, wird
"J" eingetippt, und der Abstand soll angegeben werden bei der
Meldung:

GEBEN SIE BITTE DIE HÖHE AN

Haben die Beleuchtungskörper nicht gleichen Abstand zum Boden,
wird "N" eingetippt, und die Abstände sollen den Reihen (Zeilen)
nach angegeben werden bei der Meldung:

GEBEN SIE DIE HÖHEN AN

Hier dürfen auch nur 5 Daten nach jedem ? eingegeben werden.
Sind weniger als 5 Daten einzugeben, müssen statt Daten Ø
eingetippt werden.

Danach folgt die Meldung:

WÜNSCHEN SIE EINE GEORDNETE LISTE ALLER LEUCHTKÖRPER?

Hier wird beim Eintippen von "J" die Beleuchtungskörperanordnung aufgelistet.

<u>Meldung:</u>

WÜNSCHEN SIE EINE ZEICHNUNG?

Beim Eintippen von "J" wird die Anordnung in einem Koordinatensystem dargestellt.

Für die Berechnung der Beleuchtungsstärke muß der Benutzer
ein Netz definieren, in welchem Knoten die Berechnung durchgeführt wird.

GEBEN SIE DIE KOORDINATEN DES ECKPUNKTES

Hier muß die Ecke des Netzes gegenüber dem Koordinatensystem der Beleuchtungskörperanordnung angegeben werden. Danach ist die Knotenzahl in X- und Y-Richtung anzugeben. Es folgt die Eingabe der Knotenabstände in X- und Y-Richtung.

GEBEN SIE DIE MAXIMAL ZU BERÜCKSICHTIGENDE ENTFERNUNG

Hier muß die maximale Entfernung, bis wo der Einfluß eines Beleuchtungskörpers noch berücksichtigt werden soll, angegeben werden.

Danach folgt die Ausgabe des Ergebnisses:

> Mit den Beleuchtungsstärken LUX (Lx).

Nach der Ausgabe kommt die Meldung:

WEITER (J/N)?

Wird "N" eingetippt, endet das Programm. Mit "J" kommt die Meldung:

MÖCHTEN SIE LEUCHTKÖRPER ÄNDERN ODER HINZUFÜGEN?

Beim Eintippen von "N" wird Berechnung und Ausgabe erneut durchgeführt. Mit "J" können neue Daten eingegeben werden nach der Meldung

GEBEN SIE DIE NUMMER DES LEUCHTKÖRPERS AN

<u>Eingabeformat:</u>  N, X, Y, H

Bedeutung der Parameter

| | |
|---|---|
| N | Nummer der Beleuchtungskörper, die zu ändern oder neu hinzuzufügen sind |
| X | X-Koordinate der Körper |
| Y | Y-Koordinate der Körper |
| H | Abstand der Körper über dem Boden |

Soll die Eingabe beendet werden, muß $\emptyset,\emptyset,\emptyset,\emptyset$ eingegeben werden.

Programm   LICHT

```
10 PRINT CHR$(12,151) : PRINT " I C S         L I C H T         HR 79" : PRINT CHR$(151) : PRINT
20 FOR I=31776 TO 31782 : POKE I,163 : NEXT I : FOR I=31745 TO 31751 : POKE I,163 : NEXT I
30 FOR I=31904 TO 31910 : POKE I,PEEK(I) OR 128 : NEXT I : FOR I=31873 TO 31879 : POKE I,PEEK(I) OR 128 : NEXT I
40 FOR I=32032 TO 32038 : POKE I,240 : NEXT I : FOR I=32001 TO 32007 : POKE I,240 : NEXT I
50 DEFFNA(A$)=((ASC(A$) OR 32)-32)*((ASC(A$)<64)+1)-(ASC(A$)<64)*ASC(A$)
60 DEFFNB(J%)=(J%/8%)*40%+(J%-(J%/8%)*8%)*128%+31744
70 DEFFNC=PEEK(65064)*256+PEEK(65063)-PEEK(65057)*256-PEEK(65056)
80 DEFFND=FNB(PEEK(65011))+PEEK(65012)
90 REM *** UP-PAKET RICHTER/KARTES ***    CHR$(FNA(A$)) WANDELT EIN ZEICHEN, FALLS ES KLEIN IST, IN GROSS UM
100 REM *** UP-PAKET RICHTER/KARTES ***   FNB(ZEILE) LIEFERT BILDSCHIRM-RAM-ADRESSE FÜR SPALTE=0
110 REM *** UP-PAKET RICHTER/KARTES ***   FNC = FRE(0)      FND = AKTUELLE CURSOR-BILDSCHIRM-RAM-ADRESSE
120 PRINT : PRINT : PRINT : PRINT : PRINT
130 PRINT "BRAUCHEN SIE INFORMATIONEN (J/N)?";CHR$(8);
140 GET A$ : A$=CHR$(FNA(A$))
150 IF A$="N" THEN 460 ELSE IF A$<>"J" THEN 140
160 PRINT CHR$(12)"DIE AUFGABE DIESES PROGRAMMS IST DIE"
170 PRINT "ERRECHNUNG DER LICHTINTENSITÄT AN" : PRINT "BESTIMMTEN PUNKTEN AM BODEN EINES RAUMS."
180 PRINT "GRUNDLAGE HIERZU BILDEN CHARAKTERISTIKA UND ANORDNUNG EINER BELIEBIGEN ANZAHL"
190 PRINT "VON BELEUCHTUNGSKÖRPERN."
200 PRINT : PRINT "DAS PROGRAMM ENTHÄLT EINE STANDARD-"
210 PRINT "LICHTSTÄRKEVERTEILUNG FÜR EINEN LEUCHT- KÖRPER IN EINER TABELLE MIT DER LICHT-"
220 PRINT "STÄRKE FÜR DIE VERSCHIEDENEN WINKEL."
230 PRINT : PRINT "SIE KÖNNEN DIESE WERTE JEDOCH ÄNDERN."
240 GOSUB 2460
250 PRINT "   DAS PROGRAMM BENÖTIGT FOLGENDE DATEN:"
260 PRINT : PRINT "A. FALLS DIE LEUCHTKÖRPER IN REIHEN UND    SPALTEN ANGEORDNET SIND:"
270 PRINT "   1. ANZAHL DER REIHEN UND SPALTEN"
280 PRINT "   2. KOORDINATEN DER REIHEN UND SPALTEN"
290 PRINT "-- FALLS DIE LEUCHTKÖRPER ANDERS AMGE-     ORDNET SIND:"
300 PRINT "   1. DIE ANZAHL DER LEUCHTKÖRPER"
310 PRINT "   2. DIE KOORDINATEN ALLER LEUCHTKÖRPER"
320 PRINT "   DIE KOORDINATEN WERDEN REIHENWEISE      EINGEGEBEN." : PRINT
330 PRINT "   SIE KÖNNEN SICH DANN EINE LISTE UND"
335 PRINT "EINE GRAPHIK DER LEUCHTKÖRPER-" : PRINT "   ANORDNUNG GEBEN LASSEN."
340 GOSUB 2460
350 PRINT "B. DIE HÖHE ALLER LEUCHTKÖRPER,"
360 PRINT "   ENTWEDER EINZELN ODER EINHEITLICH."
370 PRINT "   IM FALL VON EINZELANGABEN WERDEN DIE"
375 PRINT "HÖHEN REIHENWEISE ANGEGEBEN, GENAUSO   WIE ZUVOR DIE KOORDINATEN."
380 PRINT : PRINT "C. DIE ZU MESSENDEN PUNKTE AUF DEM       BODEN WIE FOLGT:" : PRINT
390 PRINT "   1. STARTPUNKT"
400 PRINT "   2. ANZAHL DER REIHEN UND SPALTEN"
410 PRINT "   3. SCHRITTWEITE DER REIHEN UND" : PRINT "      SPALTEN"
```

```
420 PRINT : PRINT "D. DIE MAXIMAL ZU BERÜCKSICHTIGENDE" : PRINT "   ENTFERNUNG, DAS IST I.A. DIE"
430 PRINT "   ENTFERNUNG, BIS ZU DER DAS LICHT"
440 PRINT "   EINES LEUCHTKÖRPERS WAHRGENOMMEN WIRD"
450 GOSUB 2460
460 PRINT CHR$(12)"WÜNSCHEN SIE DIE STANDARDLICHTWERTE ZU  ÄNDERN (J/N)?";CHR$(8);
470 GET A$ : A$=CHR$(FNA(A$))
480 IF A$="N" THEN 570 ELSE IF A$<>"J" THEN 470
490 PRINT "? JA"
500 PRINT : PRINT "WIEVIELE CHARAKTERISTIK-PUNKTE GIBT ES";
510 ONERRORGOTO 500 : INPUT N1 : ONERRORGOTO O
520 DIM A(N1),C(N1)
530 FOR I=1 TO N1 : PRINT "FÜR CHARAKTERISTIK-PUNKT"I
540 ONERRORGOTO 540 : PRINT "GEBEN SIE DEN WINKEL IM BOGENMASS AN"; : INPUT A(I) : ONERRORGOTO O
550 ONERRORGOTO 550 : PRINT "GEBEN SIE DIE INTENSITÄT IN CD AN"; : INPUT C(I) : ONERRORGOTO O
560 PRINT : NEXT I : GOTO 610
570 READ N1 : DIM A(N1),C(N1)
580 PRINT "? NEIN" : FOR I=1 TO N1
590 READ A(I),C(I)
600 NEXT I
610 PRINT : PRINT "SIND DIE BELEUCHTUNGSKÖRPER IN EINER"
615 PRINT "LÜCKENLOSEN REIHEN-/SPALTENVERTEILUNG  ANGEORDNET (J/N)?";CHR$(8);
620 GET B$ : B$=CHR$(FNA(B$))
630 IF B$="J" THEN 740 ELSE IF B$<>"N" THEN 620
640 PRINT "? NEIN" : PRINT
650 PRINT "WIEVIELE BELEUCHTUNGSKÖRPER GIBT ES";
660 ONERRORGOTO 650 : INPUT J1 : ONERRORGOTO O : K1=J1+10
670 DIM X(K1),Y(K1),N(K1),H(K1) : FOR I=1 TO J1
680 PRINT "GEBEN SIE DIE X-KOORDINATE DES LEUCHT-  KÖRPERS"I;
690 ONERRORGOTO 680 : INPUT X(I) : ONERRORGOTO O
700 PRINT "GEBEN SIE DIE Y-KOORDINATE DES LEUCHT-  KÖRPERS"I;
710 ONERRORGOTO 700 : INPUT Y(I) : ONERRORGOTO O
720 NEXT I
730 GOTO 940
740 PRINT "? JA" : PRINT
750 PRINT "WIEVIELE REIHEN SIND ES";
760 ONERRORGOTO 750 : INPUT N3 : ONERRORGOTO O
770 PRINT "GEBEN SIE DIE X-KOORDINATE JEDER REIHE."
780 DIM Q(N3) : FOR I=1 TO N3
790 ONERRORGOTO 790 : PRINT "REIHE"I; : INPUT Q(I) : ONERRORGOTO O
800 NEXT I
810 PRINT "WIEVIELE BELEUCHTUNGSKÖRPER SIND IN    JEDER REIHE?" : PRINT "DIES ENTSPRICHT DER ANZAHL DER SPALTEN";
820 ONERRORGOTO 810 : INPUT N2 : ONERRORGOTO O
830 J1=N2*N3 : K1=J1+10 : DIM X(K1),Y(K1),N(K1),H(K1) : PRINT "GEBEN SIE DIE Y-KOORDINATE JEDER SPALTE."
840 FOR I=1 TO N2
850 ONERRORGOTO 850 : PRINT "SPALTE"I; : INPUT Y(I) : ONERRORGOTO O
860 NEXT I
870 FOR I=1 TO N3
```

```
880 FOR J=1 TO N2
890 J1=J+N2*(I-1)
900 X(J1)=Q(I)
910 Y(J1)=Y(J)
920 NEXT J
930 NEXT I
940 FOR I=1 TO J1
950 N(I)=I
960 NEXT I
970 PRINT : PRINT "SIND ALLE LEUCHTKÖRPER IN GLEICHER     HÖHE (J/N)?";CHR$(8);
980 GET A$ : A$=CHR$(FNA(A$))
990 IF A$="N" THEN 1070 ELSE IF A$<>"J" THEN 980
1000 PRINT "? JA" : PRINT
1010 PRINT "GEBEN SIE BITTE DIE HÖHE AN";
1020 ONERRORGOTO 1010 : INPUT H1 : ONERRORGOTO O
1030 FOR I=1 TO J1
1040 H(I)=H1
1050 NEXT I
1060 GOTO 1110
1070 PRINT "? NEIN" : PRINT : PRINT "GEBEN SIE DIE HÖHEN AN."
1080 FOR I=1 TO J1
1090 ONERRORGOTO 1090 : PRINT "X ="X(I)" Y ="Y(I); : INPUT H(I) : ONERRORGOTO O
1100 NEXT I
1110 FOR I=1 TO J1-1
1120 FOR J=I+1 TO J1
1130 IF X(I)<X(J) THEN 1280
1140 IF X(I)<>X(J) THEN 1160
1150 IF Y(I)<=Y(J) THEN 1280
1160 X9=X(I)
1170 X(I)=X(J)
1180 X(J)=X9
1190 X9=Y(I)
1200 Y(I)=Y(J)
1210 Y(J)=X9
1220 X9=N(I)
1230 N(I)=N(J)
1240 N(J)=X9
1250 X9=H(I)
1260 H(I)=H(J)
1270 H(J)=X9
1280 NEXT J
1290 NEXT I
1300 PRINT "WÜNSCHEN SIE EINE GEORDNETE LISTE ALLER LEUCHTKÖRPER (J/N)?";CHR$(8);
1310 GET A$ : A$=CHR$(FNA(A$))
1320 IF A$="N" THEN PRINT "? NEIN" : PRINT : GOTO 1430 ELSE IF A$<>"J" THEN 1310
1330 PRINT CHR$(12)" NR.    X      Y         NR.   X      Y"
1340 PRINT CHR$(151);STRING$(39,35)
```

```
1350 GOSUB 2340
1360 I2=2*INT(J1/2)
1370 FOR I=2 TO I2 STEP 2
1380 PRINT N(I-1);TAB(6);X(I-1);TAB(12);Y(I-1);TAB(21);N(I);
1390 PRINT TAB(27);X(I);TAB(33);Y(I)
1400 NEXT I
1410 IF J1=I2 THEN 1430
1420 PRINT N(J1);TAB(6);X(J1);TAB(12);Y(J1)
1430 PRINT CUR(22,0)"WÜNSCHEN SIE EINE ZEICHNUNG (J/N)?";CHR$(8);
1440 GET A$ : A$=CHR$(FNA(A$))
1450 IF A$="N" THEN PRINT "? NEIN" : GOTO 1720 ELSE IF A$<>"J" THEN 1440
1460 PRINT "? JA" : PRINT
1470 Y7=0 : X7=0 : FOR I%=1 TO J1 : IF X(I%)>X7 THEN X7=X(I%)
1480 IF Y(I%)>Y7 THEN Y7=Y(I%)
1490 NEXT I%
1500 Y7=Y7/32 : X7=X7/20
1510 X9=0 : Y9=0 : PRINT CHR$(12);
1520 FOR I=1 TO 9 STEP 2
1530 PRINT TAB(4*I-2);4*(I-1)*Y7;
1540 NEXT I
1550 PRINT
1560 PRINT "    +---+---+---+---+---+---+---+---+--";
1570 GOSUB 2340
1580 FOR I=1 TO J1
1590 X8=INT(X(I)/X7+1.5)
1600 IF X8<=X9 THEN 1660
1610 PRINT
1620 PRINT X7*X9;
1630 X9=X9+1
1640 Y9=0
1650 GOTO 1600
1660 Y8=INT(Y(I)/Y7+4.5)
1670 IF Y8<Y9 THEN 1700
1680 PRINT TAB(Y8);" "; : POKE FND-1,160
1690 Y9=Y8+1
1700 NEXT I
1710 GOSUB 2460
1720 PRINT "GEBEN SIE DIE KOORDINATEN DES ECKPUNKTES"
1730 ONERRORGOTO 1730 : PRINT "GEBEN SIE DIE X-KOORDINATE"; : INPUT C : ONERRORGOTO 0
1740 ONERRORGOTO 1740 : PRINT "GEBEN SIE DIE Y-KOORDINATE"; : INPUT P : ONERRORGOTO 0
1750 P3=P
1760 ONERRORGOTO 1760 : PRINT "GEBEN SIE DIE ANZAHL DER REIHEN"; : INPUT C3 : ONERRORGOTO 0
1770 ONERRORGOTO 1770 : PRINT "GEBEN SIE DIE ANZAHL DER SPALTEN"; : INPUT P2 : ONERRORGOTO 0
1780 ONERRORGOTO 1780 : PRINT "GEBEN SIE DIE SCHRITTWEITE FÜR REIHEN"; : INPUT C2 : ONERRORGOTO 0
1790 ONERRORGOTO 1790 : PRINT "GEBEN SIE DIE SCHRITTWEITE FÜR SPALTEN"; : INPUT P1 : ONERRORGOTO 0
1800 PRINT "GEBEN SIE DIE MAXIMAL ZU" : PRINT "BERÜCKSICHTIGENDE ENTFERNUNG";
1810 ONERRORGOTO 1800 : INPUT M : ONERRORGOTO 0
1820 F(1)=0 : F(2)=0
```

```
1830 I1=1
1840 PRINT
1850 PRINT CHR$(12)" NR.    X     Y     LUX"
1860 GOSUB 2340
1870 FOR J=1 TO C3
1880 FOR I=1 TO P2
1890 F1=0
1900 FOR K=1 TO J1
1910 Z1=ABS(X(K)-C)
1920 Z2=ABS(Y(K)-P)
1930 Z=SQR(Z1*Z1+Z2*Z2)
1940 IF Z>M THEN 2050
1950 T1=ATN(Z/H(K))
1960 FOR L=1 TO N1
1970 IF T1=A(L) THEN 2010
1980 IF T1<A(L) THEN 2030
1990 NEXT L
2000 GOTO 2050
2010 C4=C(L)
2020 GOTO 2040
2030 C4=C(L-1)-(C(L-1)-C(L))*((T1-A(L-1))/(A(L)-A(L-1)))
2040 F1=F1+C4*COS(T1)Ü3%/(H(K)*H(K))
2050 NEXT K
2060 K=I+P2*(J-1)
2070 PRINT K-1;TAB(6);C;TAB(12);P;TAB(18);F1
2080 F(1)=0 : F(2)=0
2090 I1=1
2100 P=P+P1
2110 NEXT I
2120 C=C+C2
2130 P=P3
2140 NEXT J
2150 PRINT : PRINT "WEITER (J/N)?";CHR$(8);
2160 GET A$ : A$=CHR$(FNA(A$))
2170 IF A$="N" THEN PRINT "? NEIN" : GOTO 2500 ELSE IF A$<>"J" THEN 2160
2180 PRINT "? JA" : PRINT : PRINT "MÖCHTEN SIE LEUCHTKÖRPER ÄNDERN ODER    HINZUFÜGEN (J/N)?";CHR$(8);
2190 GET A$ : A$=CHR$(FNA(A$))
2200 IF A$="N" THEN PRINT "? NEIN" : GOTO 1720 ELSE IF A$<>"J" THEN 2190
2210 PRINT "? JA" : I%=0
2220 ONERRORGOTO 2220 : PRINT : PRINT "GEBEN SIE DIE NUMMER DES"
2225 PRINT "LEUCHTKÖRPERS AN"; : INPUT J : ONERRORGOTO 0
2230 IF J>K1 THEN PRINT "TUT MIR LEID, DAS IST ZUVIEL!" : GOTO 2220 ELSE IF J>J1+1 OR J<1 OR J<>INT(J) THEN 2390
2240 ONERRORGOTO 2240 : PRINT "GEBEN SIE DIE X-KOORDINATE"; : INPUT X : ONERRORGOTO 0
2250 ONERRORGOTO 2250 : PRINT "GEBEN SIE DIE Y-KOORDINATE"; : INPUT Y : ONERRORGOTO 0
2260 ONERRORGOTO 2260 : PRINT "GEBEN SIE DIE HÖHE"; : INPUT H : ONERRORGOTO 0
2270 IF J<=J1 THEN 2360
2280 J1=J
```

```
2290 N(J1)=J
2300 X(J)=X
2310 Y(J)=Y
2320 H(J)=H
2330 I%=1 : GOTO 2430
2340 LET Z9=1
2350 RETURN
2360 FOR I=1 TO J1
2370 IF N(I)=J THEN 2410
2380 NEXT I
2390 PRINT "VERSUCHEN SIE EINE NUMMER ZWISCHEN 1 UND"J1+1
2400 GOTO 2430
2410 J=I
2420 GOTO 2300
2430 PRINT "WOLLEN SIE NOCH MEHR ÄNDERN (J/N)?";CHR$(8);
2440 GET A$ : A$=CHR$(FNA(A$))
2450 IF A$="N" THEN PRINT "? NEIN" : GOTO 1110 ELSE IF A$<>"J" THEN 2440 ELSE PRINT "? JA" : GOTO 2220
2460 A$=CHR$(27,61,55,32) : IF INP(56%)>127% THEN 2460
2470 PRINT A$"Drücken sie bitte irgendeine Taste."; : GOTO 2490
2480 PRINT A$"DRÜCKEN SIE BITTE IRGENDEINE TASTE!";
2490 IF INP(56%)>127% GET A$ : PRINT CHR$(12%) : RETURN ELSE IF (PEEK(65008%) AND 64%) 2470 ELSE 2480
2500 PRINT CHR$(12)"ERSTELLT VON" : PRINT : PRINT "I C S - GmbH          Tel.: 02303/50253"
2510 DATA 11,0,22000,.1,20000,.2,18000
2520 DATA .3,16000,.4,14000,.5,12000
2530 DATA .6,9500,.7,7300,.8,5000
2540 DATA .9,2500,.99,500
```

| 0 | 510 | 540 | 550 | 660 | 690 | 710 |
|---|-----|-----|-----|-----|------|------|
|   | 760 | 790 | 820 | 850 | 1020 | 1090 |
|   | 1730 | 1740 | 1760 | 1770 | 1780 | 1790 |
|   | 1810 | 2225 | 2240 | 2250 | 2260 |  |

| | | |
|---|---|---|
| 140 | 150 | |
| 460 | 150 | |
| 470 | 480 | |
| 500 | 510 | |
| 540 | 540 | |
| 550 | 550 | |
| 570 | 480 | |
| 610 | 560 | |
| 620 | 630 | |
| 650 | 660 | |
| 680 | 690 | |
| 700 | 710 | |
| 740 | 630 | |
| 750 | 760 | |
| 790 | 790 | |
| 810 | 820 | |
| 850 | 850 | |
| 940 | 730 | |
| 980 | 990 | |
| 1010 | 1020 | |
| 1070 | 990 | |
| 1090 | 1090 | |
| 1110 | 1060 | 2450 |
| 1160 | 1140 | |
| 1280 | 1130 | 1150 |
| 1310 | 1320 | |
| 1430 | 1320 | 1410 |
| 1440 | 1450 | |
| 1600 | 1650 | |
| 1660 | 1600 | |
| 1700 | 1670 | |
| 1720 | 1450 | 2200 |
| 1730 | 1730 | |

| | | | | | |
|---|---|---|---|---|---|
| 1740 | 1740 | | | | |
| 1760 | 1760 | | | | |
| 1770 | 1770 | | | | |
| 1780 | 1780 | | | | |
| 1790 | 1790 | | | | |
| 1800 | 1810 | | | | |
| 2010 | 1970 | | | | |
| 2030 | 1980 | | | | |
| 2040 | 2020 | | | | |
| 2050 | 1940 | 2000 | | | |
| 2160 | 2170 | | | | |
| 2190 | 2200 | | | | |
| 2220 | 2220 | 2230 | 2450 | | |
| 2240 | 2240 | | | | |
| 2250 | 2250 | | | | |
| 2260 | 2260 | | | | |
| 2300 | 2420 | | | | |
| 2340 | 1350 | 1570 | 1860 | | |
| 2360 | 2270 | | | | |
| 2390 | 2230 | | | | |
| 2410 | 2370 | | | | |
| 2430 | 2330 | 2400 | | | |
| 2440 | 2450 | | | | |
| 2460 | 240 | 340 | 450 | 1710 | 2460 |
| 2470 | 2490 | | | | |
| 2480 | 2490 | | | | |
| 2490 | 2470 | | | | |
| 2500 | 2170 | | | | |

| | | | | | | |
|---|---|---|---|---|---|---|
| A$ | =140 | 140 | 150 | =470 | 470 | 480 |
| | =980 | 980 | 990 | =1310 | 1310 | 1320 |
| | =1440 | 1440 | 1450 | =2160 | 2160 | 2170 |
| | =2190 | 2190 | 2200 | =2440 | 2440 | 2450 |
| | =2460 | 2470 | 2480 | =2490 | | |
| *A$ | 50 | | | | | |
| A( | (520) | =540 | (570) | =590 | 1970 | 1980 |
| | 2030 | | | | | |
| B$ | =620 | 620 | 630 | | | |
| C | =1730 | 1910 | 2070 | =2120 | 2120 | |
| C( | (520) | =550 | (570) | =590 | 2010 | 2030 |
| C2 | =1780 | 2120 | | | | |
| C3 | =1760 | 1870 | | | | |
| C4 | =2010 | =2030 | 2040 | | | |
| F( | =1820 | =2080 | | | | |
| F1 | =1890 | =2040 | 2040 | 2070 | | |
| H | =2260 | 2320 | | | | |
| H( | (670) | (830) | =1040 | =1090 | 1250 | =1260 |
| | 1260 | =1270 | 1950 | 2040 | =2320 | |
| H1 | =1020 | 1040 | | | | |
| I | =20F | 20F | 20 | =30F | 30F | 30 |
| | =40F | 40F | 40 | =530F | 530 | 540 |
| | 550 | 560F | =580F | 590 | 600F | =670F |
| | 680 | 690 | 700 | 710 | 720F | =780F |
| | 790 | 800F | =840F | 850 | 860F | =870F |
| | 890 | 900 | 930F | =940F | 950 | 960F |
| | =1030F | 1040 | 1050F | =1080F | 1090 | 1100F |
| | =1110F | 1120 | 1130 | 1140 | 1150 | 1160 |
| | 1170 | 1190 | 1200 | 1220 | 1230 | 1250 |
| | 1260 | 1290F | =1370F | 1380 | 1390 | 1400F |
| | =1520F | 1530 | 1540F | =1580F | 1590 | 1660 |
| | 1700F | =1880F | 2060 | 2110F | =2360F | 2370 |
| | 2380F | 2410 | | | | |
| I% | =1470F | 1470 | 1480 | 1490F | =2210 | =2330 |
| I1 | =1830 | =2090 | | | | |
| I2 | =1360 | 1370 | 1410 | | | |
| J | =880F | 890 | 910 | 920F | =1120F | 1130 |
| | 1140 | 1150 | 1170 | 1180 | 1200 | 1210 |
| | 1230 | 1240 | 1260 | 1270 | 1280F | =1870F |
| | 2060 | 2140F | =2225 | 2230 | 2270 | 2280 |
| | 2290 | 2300 | 2310 | 2320 | 2370 | =2410 |
| *J% | 60 | | | | | |
| J1 | =660 | 660 | 670 | =830 | 830 | =890 |
| | 900 | 910 | 940 | 1030 | 1080 | 1110 |
| | 1120 | 1360 | 1410 | 1420 | 1470 | 1580 |
| | 1900 | 2230 | 2270 | =2280 | 2290 | 2360 |
| | 2390 | | | | | |
| K | =1900F | 1910 | 1920 | 1950 | 2040 | 2050F |
| | =2060 | 2070 | | | | |
| K1 | =660 | 670 | =830 | 830 | 2230 | |

| | | | | | |
|---|---|---|---|---|---|
| L | =1960F | 1970 | 1980 | 1990F | 2010 | 2030 |
| M | =1810 | 1940 | | | | |
| N( | (670) | (830) | =950 | 1220 | =1230 | 1230 |
| | =1240 | 1380 | 1420 | =2290 | 2370 | |
| N1 | =510 | 520 | 530 | =570 | 570 | 580 |
| | 1960 | | | | | |
| N2 | =820 | 830 | 840 | 880 | 890 | |
| N3 | =760 | 780 | 830 | 870 | | |
| P | =1740 | 1750 | 1920 | 2070 | =2100 | 2100 |
| | =2130 | | | | | |
| P1 | =1790 | 2100 | | | | |
| P2 | =1770 | 1880 | 2060 | | | |
| P3 | =1750 | 2130 | | | | |
| Q( | (780) | =790 | 900 | | | |
| T1 | =1950 | 1970 | 1980 | 2030 | 2040 | |
| X | =2240 | 2300 | | | | |
| X( | (670) | =690 | (830) | =900 | 1090 | 1130 |
| | 1140 | 1160 | =1170 | 1170 | =1180 | 1380 |
| | 1390 | 1420 | 1470 | 1590 | 1910 | =2300 |
| X7 | =1470 | 1470 | =1500 | 1500 | 1590 | 1620 |
| X8 | =1590 | 1600 | | | | |
| X9 | =1160 | 1180 | =1190 | 1210 | =1220 | 1240 |
| | =1250 | 1270 | =1510 | 1600 | 1620 | =1630 |
| | 1630 | | | | | |
| Y | =2250 | 2310 | | | | |
| Y( | (670) | =710 | (830) | =850 | =910 | 910 |
| | 1090 | 1150 | 1190 | =1200 | 1200 | =1210 |
| | 1380 | 1390 | 1420 | 1480 | 1660 | 1920 |
| | =2310 | | | | | |
| Y7 | =1470 | =1480 | 1480 | =1500 | 1500 | 1530 |
| | 1660 | | | | | |
| Y8 | =1660 | 1670 | 1680 | 1690 | | |
| Y9 | =1510 | =1640 | 1670 | =1690 | | |
| Z | =1930 | 1940 | 1950 | | | |
| Z1 | =1910 | 1930 | | | | |
| Z2 | =1920 | 1930 | | | | |
| Z9 | =2340 | | | | | |
| FNA( | =50 | 140 | 470 | 620 | 980 | 1310 |
| | 1440 | 2160 | 2190 | 2440 | | |
| FNB( | =60 | 80 | | | | |
| FNC | =70 | | | | | |
| FND | =80 | 1680 | | | | |

```
Länge des Programms      :  10869
Länge des Datenbereiches :  856
```

## 2 BESTIMMUNG VON GEEIGNETEN KERNEN UND WICKLUNGSZAHLEN FÜR NETZTRANSFORMATOREN

### Allgemeines

Das Programm TRAFO bestimmt Kern, Primärseite und Sekundärseite eines Transformators. Das Programm ist ausgelegt für
bis zu 100 verschiedene Sekundärwicklungen und eine Sekundärleistung von bis zu 455 W. Die technischen Daten von 14
gängigen Transformatorkernen sind dem Programm bekannt.

### Berechnungsverfahren

Zunächst wird die Gesamt-Sekundärleistung des gewünschten
Transformators berechnet. Anhand dieses Wertes wird ein ge-
eigneter Kern bestimmt. Die Kennzahlen dieses Kerns gehen in
die weiteren Berechnungen ein. Mit dem Wirkungsgrad des Kerns
wird die primärseitige Leistung berechnet. Weiter werden für
die Primärwicklung sowie jede Wicklung der Sekundärseite die
notwendigen Wicklungszahlen und Drahtdurchmesser bestimmt.

### Benutzerhinweise

Nach dem Laden des Programms, kann es durch den Befehl RUN
gestartet werden. Das Programm meldet sich mit der Frage, ob
die Verarbeitung beginnen soll. Wird mit "J" geantwortet,
erscheint die Frage:

NETZSPANNUNG 220 V (J/N)?

Wird hier mit "N" geantwortet, so muß die tatsächliche Netzspannung als nächstes eingegeben werden, wird "J" gegeben, so
wird 220 V dafür angenommen. Es erscheint dann die Frage:

WIEVIELE SEKUNDÄRWICKLUNGEN?

Es ist hier die Anzahl der Spannungen anzugeben, die an der
Sekundärseite abgenommen werden sollen. Es darf hier maximal
100 eingegeben werden.


Für jede dieser Sekundärwicklungen wird nun die Spannung und
die Stromstärke erfragt, die dort gewünscht wird. Dabei darf
die gesamte Sekundärleistung einen Wert von 455 VA nicht

überschreiten. Das Programm bestimmt immer einen Kern, der für
die geforderten Werte passend ist. Soll jedoch ein anderer
Kern verwendet werden, kann der Name dieses Kerns eingegeben
werden, dieser muß dem Programm jedoch bekannt sein.

Die Namen und technischen Daten der Kerne sind als DATA-
Anweisungen am Ende des Programms angegeben. Diese Werte
können geändert werden, es ist jedoch immer darauf zu achten,
daß sie bezüglich der letzten Komponente aufsteigend sortiert
sind. Die Beschreibung eines Kerns ist aus den folgenden
Komponenten aufgebaut:

| 1 | $N$ | Name |
|---|---|---|
| 2 | $I$ | Induktionsfaktor |
| 3 | $G$ | Wirkungsgrad |
| 4 | $J_1$ | Stromdichte Primärseite |
| 5 | $J_2$ | Stromdichte Sekundärseite |
| 6 | $W$ | Wicklungsfaktor |
| 7 | $P$ | max. Sekundärleistung |

Programm   TRAFO

```
10 PRINT CHR$(12,151) : PRINT " I C S     NETZTRANSFORMATOR    HR 79" : PRINT CHR$(151) : PRINT
20 FOR I=31776 TO 31782 : POKE I,163 : NEXT I : FOR I=31745 TO 31751 : POKE I,163 : NEXT I
30 FOR I=31904 TO 31910 : POKE I,PEEK(I) OR 128 : NEXT I : FOR I=31873 TO 31879 : POKE I,PEEK(I) OR 128 : NEXT I
40 FOR I=32032 TO 32038 : POKE I,240 : NEXT I : FOR I=32001 TO 32007 : POKE I,240 : NEXT I
50 DEFFNA(A$)=((ASC(A$) OR 32)-32)*((ASC(A$)<64)+1)-(ASC(A$)<64)*ASC(A$)
60 DEFFNB(J%)=(J%/8%)*40%+(J%-(J%/8%)*8%)*128%+31744
70 DEFFNC=PEEK(65064)*256+PEEK(65063)-PEEK(65057)*256-PEEK(65056)
80 DEFFND=FNB(PEEK(65011))+PEEK(65012)
90 REM *** UP-PAKET RICHTER/KARTES ***    CHR$(FNA(A$)) WANDELT EIN ZEICHEN, FALLS ES KLEIN IST, IN GROSS UM
100 REM *** UP-PAKET RICHTER/KARTES *** FNB(ZEILE) LIEFERT BILDSCHIRM-RAM-ADRESSE FÜR SPALTE=0
110 REM *** UP-PAKET RICHTER/KARTES *** FNC = FRE(0)      FND = AKTUELLE CURSOR-BILDSCHIRM-RAM-ADRESSE
120 DIM K(13,5),K$(13),W(100,2) : FOR I=0 TO 13 : READ K$(I) : FOR J=0 TO 5 : READ K(I,J) : NEXT J : NEXT I
130 PRINT CUR(12,0)"KANN^S LOSGEHEN (J/N)?";CHR$(8);
140 GET A$ : A$=CHR$(FNA(A$)) : IF A$="J" THEN 150 ELSE IF A$="N" THEN 520 ELSE GOTO 140
150 PRINT CHR$(12)"NETZSPANNUNG 220 V (J/N)?";CHR$(8);
160 GET X$ : X$=CHR$(FNA(X$))
165 IF X$="J" THEN P=220 : PRINT " JA" : GOTO 180 ELSE IF X$="N" THEN PRINT " NEIN" ELSE 160
170 PRINT "WELCHE DENN (V)"; : ONERRORGOTO 170 : INPUT P : ONERRORGOTO 0
180 PRINT : PRINT "WIEVIELE SEKUNDÄRWICKLUNGEN"; : ONERRORGOTO 180 : INPUT N : ONERRORGOTO 0
190 IF N>100 THEN PRINT "DAS SIND LEIDER ZUVIEL." : GOTO 180
200 S=0 : FOR W=1 TO N : PRINT : PRINT "WICKLUNG NUMMER"W
210 ONERRORGOTO 210 : PRINT "SPANNUNG (V)"; : INPUT W(W,1)
220 ONERRORGOTO 220 : PRINT "STROM (A)"; : INPUT W(W,2) : ONERRORGOTO 0
230 S=S+W(W,1)*W(W,2) : NEXT W
240 PRINT CHR$(12)"SEKUNDÄRLEISTUNG"INT(100*S+.5)/100" W"
250 IF S>455 THEN PRINT : PRINT "DAS IST ZUVIEL FÜR DIESES PROGRAMM." : GOTO 510
260 FOR I=12 TO 0 STEP -1 : IF S>K(I,5) THEN K=I+1 : GOTO 280
270 NEXT I
280 PRINT "GEEIGNETER KERN "K$(I)"  OK (J/N)?";CHR$(8);
290 GET X$ : X$=CHR$(FNA(X$))
295 IF X$="J" THEN PRINT " JA" : K$=K$(I) : GOTO 370 ELSE IF X$="N" THEN PRINT " NEIN" ELSE 290
300 PRINT "WELCHER KERN"; : INPUT K$
310 K$=" "+K$+" " : FOR I=2 TO LEN(K$)-1
320 K$=LEFT$(K$,I-1)+CHR$(FNA(MID$(K$,I,1)))+RIGHT$(K$,I+1)
330 NEXT I : K$=MID$(K$,2,LEN(K$)-2)
340 FOR K=0 TO 13 : IF K$=K$(K) THEN 370
350 NEXT K
360 PRINT : PRINT "KERN "K$" UNBEKANNT!" : GOTO 300
370 PRINT CHR$(12)"KERN   "K$ : PRINT : PRINT : PRINT
380 PRINT "PRIMÄRLEISTUNG"INT(100*S/K(K,1)+.5)/100" W"
390 W$="WINDUNGSZAHL" : D$="DRAHTDURCHMESSER"
400 PRINT : PRINT "PRIMÄRWICKLUNG    ("P" V)"
410 S8=40/K(K,4) : PRINT W$,INT(S8*P-S8*P*K(K,0)+.5)
420 D=INT(100*(SQR(S/(K(K,1)*P*K(K,2)*PI)*4))+.5)/100
```

```
430 PRINT D$;D" mm"
440 FOR I=1 TO N : GOSUB 530
450 PRINT CHR$(12)"KERN    "K$ : PRINT : PRINT : PRINT
460 PRINT "SEKUNDÄRWICKLUNG"I"   ("W(I,1)" V,"W(I,2)" A)"
470 PRINT W$;INT(S8*W(I,1)+2*(S8*W(I,1)*K(K,0))+.5)
480 D=INT(100*(SQR(W(I,2)/(K(K,3)*PI)*4))+.5)/100
490 PRINT D$;D" mm"
500 NEXT I
510 PRINT CUR(23,0)"WEITER (J/N)?";CHR$(8); : GOTO 140
520 PRINT CHR$(12)"ERSTELLT VON" : PRINT : PRINT "I C S - GmbH        Tel.: 02303/50253" : END
530 X$=CHR$(27,61,55,32) : IF INP(56%)>127% THEN 530
540 PRINT X$"Bitte irgendeine Taste drücken."; : GOTO 560
550 PRINT X$"BITTE IRGENDEINE TASTE DRÜCKEN!";
560 IF INP(56%)>127% GET A$ : PRINT CHR$(12%) : RETURN ELSE IF (PEEK(65008%) AND 64%) 540 ELSE 550
570 DATA EI30,.1023,.45,6.5,7.5,1.2,1.4,EI38,.1109,.6,5.5,6.5,1.66,3.2
580 DATA M42,.14,.6,4.5,5.2,1.76,4.3,M55,.0746,.7,3.8,4.3,3.39,11
590 DATA M65,.0491,.77,3.3,3.6,5.4,24,M74,.0363,.83,3,3.3,7.37,46
600 DATA M85,.0316,.84,2.9,3.3,9.26,59,M102A,.0236,.875,2.4,2.8,11.97,112
610 DATA M102B,.063,.885,2.3,2.7,17.96,170,EI130A,.0211,.9,1.7,2.2,12.13,205
620 DATA EI130B,.0171,.905,1.7,2.1,15.58,255,EI150A,.0168,.92,1.5,1.9,15.85,325
630 DATA EI150B,.0143,.93,1.5,1.9,19.85,385,EI150C,.0117,.93,1.4,1.8,23.83,455
```

| | | | | | | | | | |
|---|---|---|---|---|---|---|---|---|---|
| 0 | 170 | 180 | 220 | | 370 | 295 | 340 | | |
| 140 | 140 | 510 | | | 510 | 250 | | | |
| 150 | 140 | | | | 520 | 140 | | | |
| 160 | 165 | | | | 530 | 440 | 530 | | |
| 170 | 170 | | | | 540 | 560 | | | |
| 180 | 165 | 180 | 190 | | 550 | 560 | | | |
| 210 | 210 | | | | 560 | 540 | | | |
| 220 | 220 | | | | A$ | =140 | 140 | =560 | |
| 280 | 260 | | | | *A$ | 50 | | | |
| 290 | 295 | | | | D | =420 | 430 | =480 | 490 |
| 300 | 360 | | | | D$ | =390 | 430 | 490 | |

| | | | | | | |
|---|---|---|---|---|---|---|
| I | =20F<br>=40F<br>=260F<br>320<br>500F | 20F<br>40F<br>260<br>330F | 20<br>40<br>270F<br>=440F | =30F<br>=120F<br>280<br>460 | 30F<br>120F<br>295<br>470 | 30<br>120<br>=310F<br>480 |
| J | =120F | 120F | 120 | | | |
| *J% | 60 | | | | | |
| K | =260<br>420 | =340F<br>470 | 340<br>480 | 350F | 380 | 410 |
| K$ | =295<br>=330 | =300<br>330 | =310<br>340 | 310<br>360 | =320<br>370 | 320<br>450 |
| K$( | (120) | =120 | 280 | 295 | 340 | |
| K(, | (120)<br>470 | =120<br>480 | 260 | 380 | 410 | 420 |
| N | =180 | 190 | 200 | 440 | | |
| P | =165 | =170 | 400 | 410 | 420 | |
| S | =200<br>380 | =230<br>420 | 230 | 240 | 250 | 260 |
| S8 | =410 | 410 | 470 | | | |
| W | =200F | 200 | 210 | 220 | 230F | 230 |
| W$ | =390 | 410 | 470 | | | |
| W(, | (120)<br>480 | =210 | =220 | 230 | 460 | 470 |
| X$ | =160<br>=530 | 160<br>540 | 165<br>550 | =290 | 290 | 295 |
| FNA( | =50 | 140 | 160 | 290 | 320 | |
| FNB( | =60 | 80 | | | | |
| FNC | =70 | | | | | |
| FND | =80 | | | | | |

```
Länge des Programms        :  4459
Länge des Datenbereiches   :  377
```

## 3 SYNCHRONISIERUNG VON VERKEHRSAMPELN

### Allgemeines

Das Programm AMPEL bestimmt die günstigste Phase jeder Verkehrsampel einer Straße mit Gegenverkehr, damit gegebene Anzahl von Wagen in jeder Richtung fahren kann. Das Programm ist so ausgelegt, daß bis zu 100 Verkehrsampeln simuliert werden können.

### Beschreibung des Berechnungsverfahrens

Das Programm benutzt den Morgan-Little Algorithmus.

Wenn die Zykluszeit jeder Verkehrsampel gleich ist und die grünen Wellen der zwei Richtungen am längsten sind, haben Morgan und Little für eine Straße mit Gegenverkehr und gleicher Anzahl von Wagen in beiden Richtungen bewiesen, daß der Mittelpunkt der roten Phase jeder Verkehrsampel mit dem Mittelpunkt von entweder der roten Phase (in-phase) oder der grünen Phase (out-phase) aller anderen Verkehrsampeln zusammenfällt.

Die Aufgabe wird deshalb in dem Fall von gleichem Verkehr in beiden Richtungen durch folgende Schritte gelöst:

1. Die Phasen aller Verkehrsampeln werden zur ersten Verkehrsampel des Systems entweder in in-phase oder in out-phase so angeordnet, daß die größten Bandbreiten für die grünen Wellen erreicht werden.

2. Die Phasen und die schmalste der erreichten Bandbreiten für die grünen Wellen werden gespeichert.

3. Der erste und zweite Schritt werden mit der zweiten Verkehrsampel als Bezugsampel wiederholt.

4. Die breiteste der gespeicherten Bandbreiten wird mit den zugehörigen Phasen gespeichert.

5. Die Auswertung wird fortgesetzt mit allen übrigen Verkehrsampeln als Bezugspunkt.

Ergeben zwei oder mehr Auswertungsfälle die gleiche Bandbreite
der grünen Wellen, wird das Programm den Fall speichern, der
die größte Summe der Dauer der grünen Wellen zwischen benach-
barten Verkehrsampeln ergibt. Dieses Verfahren hat den Vorteil,
daß der Verkehr von und zu den Seitenstraßen berücksichtigt
wird.

Das Verfahren ist im Programm für ungleiche Anzahl von Wagen
in jeder Richtung erweitert worden.


Ist L die Breite der grünen Welle bei gleichem Verkehr in
beiden Richtungen, Z die Zykluszeit und T1 bzw. T2 der Teil
der Zykluszeit, die die Wagen einer Richtung benötigen, um
die Straße durchfahren zu können, ergeben sich folgende Fälle:

(1) Ist T1 oder T2 gleich Null, wird nur die eine Richtung
    synchronisiert. Ist $(T1 + T2) \cdot Z > 2 \cdot L$, kann sowohl bei
    $T1 \neq \phi$ als auch bei $T2 \neq \phi$ keine Lösung erreicht werden,
    weil die Straße die vorgegebene Anzahl von Wagen nicht
    aufnehmen kann.

(2) Ist $(T1 + T2) \cdot Z < 2 \cdot L$ und sowohl $T1 \neq \phi$ als auch
    $T2 \neq \phi$, wird das Ergebnis bei gleichem Verkehr in beiden
    Richtungen dadurch verbessert, daß die Dauer der grünen
    Welle in jeder Richtung (L1 und L2) unterschiedlich wird.
    Um den unterschiedlichen Verkehrsfluß am günstigsten auf-
    nehmen zu können, muß $L1/L2 = T1/T2$ erfüllt werden.


## Hinweis für den Benutzer

Das Programm besteht aus drei Teilen. Der erste Teil gibt eine
Einführung zum Programm, der zweite Teil gibt eine Beschreibung der Eingabe der Daten und der dritte Teil ist das eigentliche Berechnungsprogramm.


Wird die Einführung oder die Beschreibung der Dateneingabe erwünscht, muß direkt nach dem Laden des Programms in den RAM-
Bereich der RUN-Befehl eingegeben werden. Wird weder die Einführung noch die Beschreibung der Dateneingabe gewünscht, muß
vor dem RUN-Befehl die Eingabe der Daten als DATA-Anweisung ab
Zeile 312Ø eingegeben werden.

Die Eingabe hat folgendes Format:

N1,H1,S1,C1,V1,V2,Y(1),R(1),Y(2),R(2)...Y(N1),R(N1)

Bedeutung der Parameter

| | |
|---|---|
| N1 | Anzahl der Verkehrsampeln |
| H1 | Kleinste Zeit zwischen der Durchfahrt zwei einander folgender Wagen (Headway) in s |
| S1 | Geschwindigkeit der Wagen in m/s |
| C1 | Zykluslänge der Verkehrsampeln in s |
| V1,V2 | Anzahl der Wagen in den zwei Richtungen |
| Y(n) | Der Abstand der n'ten Verkehrsampel zur ersten Verkehrsampel |
| R(n) | Die Dauer der roten Phase der n'ten Verkehrsampel |

Nach dem Starten des Programms durch den RUN-Befehl folgt die Meldung:

WÜNSCHEN SIE INFORMATIONEN (1-3)?

| | |
|---|---|
| 1 | Einführung ist erwünscht |
| 2 | Beschreibung der Dateneingabe ist erwünscht |
| 3 | Das Rechenprogramm soll sofort ablaufen, die Daten sind bereits eingegeben |

Bei der Ausgabe werden zuerst die Daten ausgedruckt

| ANZAHL AMPELN | ABSTAND SEC | GESCHW. M/SEC | ZYKLUS SECS | FAHRZEUGE HINWEG | HERWEG |
|---|---|---|---|---|---|
| 'N1' | 'H1' | 'S1' | 'C1' | 'V1' | 'V2' |

Danach folgen die Ergebnisse:

| | |
|---|---|
| BANDBREITE HINWEG | Bandbreite der grünen Welle der einen Richtung in s |
| BANDBREITE HERWEG | Bandbreite der grünen Welle der anderen Richtung in s |
| ABSTAND METER | Der Abstand der Verkehrsampel zur ersten Verkehrsampel $(Y(n))$ |
| ROTPHASE SEC | Die Dauer der roten Phase der Verkehrsampel $(R(n))$ |
| GRÜNVERZÖGERUNG SEC | Phasenverschiebung des Anfangs der grünen Phase |

## Testbeispiel

Die Synchronisierung folgender Strecke wird untersucht:

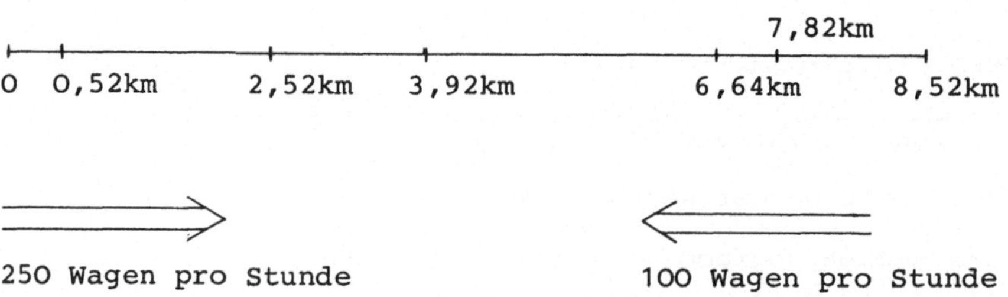

Programm   AMPEL

```
10 PRINT CHR$(12,151) : PRINT " I C S    AMPELSYNCHRONISATION    HR 79" : PRINT CHR$(151) : PRINT
20 FOR I=31776 TO 31782 : POKE I,163 : NEXT I : FOR I=31745 TO 31751 : POKE I,163 : NEXT I
30 FOR I=31904 TO 31910 : POKE I,PEEK(I) OR 128 : NEXT I : FOR I=31873 TO 31879 : POKE I,PEEK(I) OR 128 : NEXT I
40 FOR I=32032 TO 32038 : POKE I,240 : NEXT I : FOR I=32001 TO 32007 : POKE I,240 : NEXT I
50 DEFFNA(A$)=((ASC(A$) OR 32)-32)*((ASC(A$)<64)+1)-(ASC(A$)<64)*ASC(A$)
60 DEFFNB(J%)=(J%/8%)*40%+(J%-(J%/8%)*8%)*128%+31744
70 DEFFNC=PEEK(65064)*256+PEEK(65063)-PEEK(65057)*256-PEEK(65056)
80 DEFFND=FNB(PEEK(65011))+PEEK(65012)
90 REM *** UP-PAKET RICHTER/KARTES ***    CHR$(FNA(A$)) WANDELT EIN ZEICHEN, FALLS ES KLEIN IST, IN GROSS UM
100 REM *** UP-PAKET RICHTER/KARTES *** FNB(ZEILE) LIEFERT BILDSCHIRM-RAM-ADRESSE FÜR SPALTE=0
110 REM *** UP-PAKET RICHTER/KARTES *** FNC = FRE(O)     FND = AKTUELLE CURSOR-BILDSCHIRM-RAM-ADRESSE
120 PRINT CUR(10,0)"1. ÜBER DAS PROGRAMM" : PRINT "2. ÜBER DIE DATEN" : PRINT "3. GAR KEINE"
130 PRINT CUR(9,0)"WÜNSCHEN SIE INFORMATIONEN (1-3)?";CHR$(8);
140 GET A$ : IF A$<"1" OR A$>"3" THEN 140 ELSE Q9=VAL(A$)
150 ON Q9 GOTO 2660,2820,160
160 PRINT CHR$(12)"MÖCHTEN SIE DATA-STATEMENTS BENUTZEN     ODER WOLLEN SIE DIE DATEN TIPPEN (D/T)?";CHR$(8);
170 GET D$ : D$=CHR$(FNA(D$)) : IF D$<>"D" AND D$<>"T" THEN 170 ELSE PRINT D$
180 IF D$="D" THEN RESTORE : READ N1,H1,S1,C1,V1,V2 : GOTO 250
190 ONERRORGOTO 190 : PRINT "GEBEN SIE DIE ANZAHL DER SIGNALE"; : INPUT N1
200 ONERRORGOTO 200 : PRINT "GEBEN SIE DEN ABSTAND ZWISCHEN ZWEI" : PRINT "FAHRZEUGEN (SEC)"; : INPUT H1
210 ONERRORGOTO 210 : PRINT "GEBEN SIE DIE VERKEHRSFLUSS-" : PRINT "GESCHWINDIGKEIT (M/SEC)"; : INPUT S1
220 ONERRORGOTO 220 : PRINT "GEBEN SIE DIE ZYKLUSLÄNGE (SEC)"; : INPUT C1
230 ONERRORGOTO 230 : PRINT "GEBEN SIE DIE VERKEHRSDICHTE (HINWEG)"; : INPUT V1
240 ONERRORGOTO 240 : PRINT "GEBEN SIE DIE VERKEHRSDICHTE (HERWEG)"; : INPUT V2 : ONERRORGOTO O
250 R9=0
260 DIM Y(N1),R(N1),Q(N1),P(N1),W(N1),X(N1)
270 FOR I=1 TO N1
280 Q(I)=0
290 IF D$="D" THEN READ Y(I),R(I) : GOTO 330 ELSE ONERRORGOTO 300
300 PRINT : PRINT "GEBEN SIE DEN ABSTAND DER AMPEL"I" ZUR" : PRINT "ERSTEN AMPEL (M)";
310 IF I<>1 THEN INPUT Y(I) ELSE PRINT " (LOGISCHERWEISE NULL)" : Y(1)=0
320 ONERRORGOTO 320 : PRINT "GEBEN SIE DIE ROTPHASENLÄNGE" : PRINT "DER AMPEL"I" (SEC)"; : INPUT R(I)
330 NEXT I : ONERRORGOTO O
340 B3=0
350 L1=0
360 IF V2<V1 THEN 2170
370 A=V2
380 A1=V1
390 B=1
400 GOTO 440
410 A=V1
420 A1=V2
430 B=-1
440 FOR I=1 TO N1
450 R(I)=R(I)/C1
460 IF R(I)<R9 THEN 480
470 R9=R(I)
480 NEXT I
490 G9=1-R9
500 T1=(H1*A)/3600
510 T2=(H1*A1)/3600
520 R1=B*(V2-V1)/(V2+V1)
530 FOR I=1 TO N1
540 W1=0
550 FOR J=1 TO N1
560 C=.5*(R(I)-R(J))-(Y(J)-Y(I))/(S1*C1)
570 D=C+.5
580 N2=INT(C)
590 S2=N2
600 C=C-S2
610 IF C>=0 THEN 630
620 C=C+1
630 N2=INT(D)
```

```
640 S2=N2
650 D=D-S2
660 IF D>=0 THEN 680
670 D=D+1
680 IF C>D THEN 730
690 P(J)=0
700 W(J)=R(J)+C
710 GOTO 750
720 REM
730 P(J)=.5
740 W(J)=R(J)+D
750 IF W(J)>=1 THEN 810
760 IF W1>=W(J) THEN 780
770 W1=W(J)
780 NEXT J
790 B4=1-W1
800 GOTO 820
810 B4=0
820 ON SGN(B3-B4)+2 GOTO 830,900,1430
830 B3=B4
840 L1=I
850 FOR K=1 TO N1
860 Q(K)=P(K)
870 X(K)=W(K)
880 NEXT K
890 GOTO 1430
900 IF I=1 THEN 830
910 B1=0
920 B2=0
930 N3=N1-1
940 FOR K=1 TO N3
950 R2=R(K)
960 R3=R(K+1)
970 A=.5*(R2-R3)-(Y(K+1)-Y(K))/(S1*C1)
980 U1=A+P(K)-P(K+1)
990 N2=INT(U1)
1000 S2=N2
1010 U1=U1-S2
1020 IF U1>=0 THEN 1040
1030 U1=U1+1
1040 U2=A+Q(K)-Q(K+1)
1050 N2=INT(U2)
1060 S2=N2
1070 U2=U2-S2
1080 IF U2>=0 THEN 1100
1090 U2=U2+1
1100 N2=1
1110 B=B1

1120 U=U1
1130 IF U+R3>1 THEN 1260
1140 IF R2<U+R3 THEN 1170
1150 IF U>R2 THEN 1240
1160 GOTO 1220
1170 IF U>R2 THEN 1200
1180 B=B+1-U-R3
1190 GOTO 1340
1200 B=1-R3-R2
1210 GOTO 1340
1220 B=B+1-R2
1230 GOTO 1340
1240 B=B+1-2*R2+U
1250 GOTO 1340
1260 IF (R2-U-R3+1)=0 THEN 1290
1270 IF R3<1 THEN 1310
1280 GOTO 1340
1290 IF U>R2 THEN 1330
1300 GOTO 1340
1310 B=B+1-R3
1320 GOTO 1340
1330 B=B+U-R2
1340 ON N2 GOTO 1350,1400
1350 B1=B
1360 B=B2
1370 U=U2
1380 N2=2
1390 GOTO 1130
1400 B2=B
1410 NEXT K
1420 IF B1>B2 THEN 830
1430 NEXT I
1440 IF T2<>0 THEN 1480
1450 IF T1>G9 THEN 3070
1460 T1=G9
1470 GOTO 1500
1480 IF T2+T1>2*B3 THEN 3070
1490 T1=2*T1*B3/(T1+T2)
1500 IF V2=V1 THEN 2110
1510 FOR J=1 TO N1
1520 IF T1+X(J)<=1 THEN 1550
1530 IF X(J)<=R(L1) THEN 1550
1540 Q(J)=Q(J)-X(J)-T1+1
1550 NEXT J
1560 B1=R(L1)
1570 B2=Y(L1)
1580 FOR J=1 TO N1
1590 W(J)=.5*(B1-R(J))+Q(J)

1600 X(J)=(Y(J)-B2)/(S1*C1) .
1610 NEXT J
1620 C=-1
1630 A1=B1
1640 B5=B1
1650 A2=1
1660 B6=1
1670 FOR J=1 TO N1
1680 U=W(J)+C*X(J)
1690 N2=INT(U)
1700 S2=N2
1710 U=U-S2
1720 IF U>=0 THEN 1740
1730 U=U+1
1740 P(J)=U
1750 NEXT J
1760 FOR J=1 TO N1
1770 IF A1<P(J) THEN 1800
1780 IF P(J)+R(J)<A1 THEN 1800
1790 A1=P(J)+R(J)
1800 IF P(J)+R(J)<A2 THEN 1830
1810 IF A2<P(J) THEN 1830
1820 A2=P(J)
1830 NEXT J
1840 IF A1=B5 THEN 1870
1850 B5=A1
1860 GOTO 1760
1870 IF A2=B6 THEN 1900
1880 B6=A2
1890 GOTO 1760
1900 FOR J=1 TO N1
1910 IF P(J)>=A2 THEN 1960
1920 IF P(J)<=A1 THEN 1960
1930 REM
1940 S2=9999.99
1950 STOP
1960 NEXT J
1970 IF C>=0 THEN 2060
1980 IF A1>=A2 THEN 2010
1990 B7=A2-A1
2000 GOTO 2020
2010 B7=0
2020 A=A2-1
2030 C=1
2040 GOTO 1630
2050 REM
2060 IF A1>=A2 THEN 2090
2070 B8=A2-A1
```

```
2080 GOTO 2160
2090 B8=0
2100 GOTO 2160
2110 B8=B3
2120 B7=B3
2130 A=0
2140 A1=R(L1)
2150 REM
2160 IF V2>=V1 THEN 2420
2170 N3=INT(N1/2+.5)
2180 C=Y(N1)
2190 FOR I=1 TO N3
2200 N2=N1-I+1
2210 S2=Q(I)
2220 Q(I)=Q(N2)
2230 Q(N2)=S2
2240 S2=Y(I)
2250 Y(I)=C-Y(N2)
2260 Y(N2)=C-S2
2270 S2=R(I)
2280 R(I)=R(N2)
2290 R(N2)=S2
2300 NEXT I
2310 IF B3=0 THEN 410
2320 IF T2<>0 THEN 2350
2330 B8=0
2340 B7=G9
2350 S2=B8
2360 B8=B7
2370 B7=S2
2380 L1=N1-L1+1
2390 S2=A
2400 A=A1+B7
2410 A1=S2-B8
2420 B8=B8*C1
2430 B7=B7*C1
2440 PRINT CHR$(12)"ANZAHL";TAB(10);"ABSTAND";TAB(20);"GESCHW."TAB(30)"ZYKLUS"
2450 REM
2460 PRINT "AMPELN"TAB(10)"  SEC "TAB(20)"M/SEC"TAB(30)"SECS"
2470 PRINT N1;TAB(10);H1;TAB(20);S1;TAB(30);C1
2480 PRINT
2490 PRINT
2500 PRINT "FAHRZEUGE:","HINWEG","HERWEG"
2510 PRINT ,V1,V2
2520 PRINT
2530 PRINT
2540 PRINT "BANDBREITE","HINWEG","HERWEG"
2550 PRINT ,B8,B7
2560 GOSUB 3080
2570 PRINT "ABSTAND    ROTPHASE    GRÜNVERZÖGERUNG"
2580 PRINT "METER","SEC","SEC" : PRINT
2590 FOR I=1 TO N1
2600 S2=R(I)
2610 A2=(Q(I)+.5*S2)*C1
2620 S2=S2*C1
2630 PRINT Y(I),S2,A2
2640 NEXT I
2650 GOTO 3060
2660 PRINT CHR$(12)"EIN ALLGEMEINES PROBLEM DER VERKEHRS-"
2670 PRINT "STEUERUNG IST DIE SYNCHRONISATION VON"
```

```
2680 PRINT "HINTEREINANDERLIEGENDEN AMPELN." : PRINT "MAN GEHT VON EINEM VERKEHRSFLUSS AN DER"
2690 PRINT "ERSTEN AMPEL AUS UND VERSUCHT DIE"
2700 PRINT "SCHALTUNG DER WEITEREN AMPELN SO ZU"
2710 PRINT "GESTALTEN, DASS DER VERKEHRSFLUSS BEI   GEGEBENER GESCHWINDIGKEIT DURCH DAS"
2715 PRINT "SYSTEM LAUFEN KANN."
2720 PRINT : PRINT "DIESES PROBLEM IST ZWAR NICHT SEHR"
2730 PRINT "KOMPLEX, DOCH HEUTE ÜBLICHE METHODEN    VERBRAUCHEN SEHR VIEL RECHENZEIT,"
2740 PRINT "LAUFEN AUF KEINEM MIKROCOMPUTER UND     ERLAUBEN DEM VERKEHRSPLANER KAUM DAS"
2750 PRINT "VARIIEREN VON WICHTIGEN PARAMETERN, ETWA"
2760 PRINT "ZYKLUSLÄNGE, GESCHWINDIGKEIT, VERKEHRS- DICHTE UND FAHRZEUGABSTAND."
2770 GOSUB 3080
2780 PRINT "DIESES PROGRAMM BENUTZT DIE METHODE VON MORGAN UND LITTLE ZUR SYNCHRONISATION   VON AMPELN."
2790 PRINT "ES ERLAUBT DEM VERKEHRSPLANER, VIELE"
2800 PRINT "PROBLEME IN KURZER ZEIT ZU ANALYSIEREN"
2805 PRINT "UND HAUPTVARIABLE WIE GESCHWINDIGKEIT   UND ZYKLUSLÄNGE ZU VARIIEREN."
2810 GOSUB 3080
2820 PRINT CHR$(12)"****** HINWEISE ZUR DATENEINGABE *******"
2830 PRINT "DATEN KÖNNEN WÄHREND DES DIALOGS ODER   MIT HILFE VON DATA-STATEMENTS EINGEGEBENWERDEN."
2840 PRINT "BEI DER VERWENDUNG VON DATA-STATEMENTS"
2850 PRINT "MUSS FOLGENDE REIHENFOLGE EINGEHALTEN   WERDEN:"
2860 PRINT
2870 PRINT "ANZAHL DER AMPELN, MINIMALER FAHRZEUG-  ABSTAND, VERKEHRSFLUSSGESCHWINDIGKEIT"
2880 PRINT "ZYKLUSLÄNGE, VERKEHRSDICHTE HINWEG      VERKEHRSDICHTE HERWEG"
2890 PRINT : PRINT
2900 PRINT "     UND FÜR ALLE AMPELN" : PRINT
2910 PRINT "ABSTAND DER AMPEL ZUR ERSTEN AMPEL"
2920 PRINT "ROTPHASE DER AMPEL"
2930 GOSUB 3080
2940 PRINT "DAS PROGRAMM ENTHÄLT ALS BEISPIEL "
2950 PRINT "          FOLGENDE DATEN"
2960 PRINT
2970 PRINT "ANZAHL DER AMPELN=7"
2980 PRINT "FAHRZEUGABSTAND=2.5 SEKUNDEN"
2990 PRINT "VERKEHRSFLUSS=10.0  M/SEC."
3000 PRINT "ZYKLUSLÄNGE=80.0 SEKUNDEN"
3010 PRINT "VERKEHRSDICHTE HINWEG=250"
3020 PRINT "VERKEHRSDICHTE HERWEG=100"
3030 PRINT : PRINT "UND FOLGENDE ABSTÄNDE UND ROTPHASEN" : PRINT
3040 PRINT "0,28,520,28,2520,28,3920,28," : PRINT "6640,28,7820,28,8520,28"
3050 GOSUB 3080 : PRINT CHR$(12) : GOTO 120
3060 GOSUB 3080 : PRINT "ERSTELLT VON" : PRINT : PRINT "I C S - GmbH          Tel.: 02303/50253" : END
3070 PRINT CHR$(12)"MIT DEN WERTEN KANN ICH NICHTS MACHEN." : GOTO 120
3080 A$=CHR$(27,61,55,32) : IF INP(56%)>127% THEN 3080
3090 PRINT A$"Drücken Sie bitte irgendeine Taste."; : GOTO 3110
3100 PRINT A$"DRÜCKEN SIE BITTE IRGENDEINE TASTE!";
3110 IF INP(56%)>127% GET A$ : PRINT CHR$(12%) : RETURN ELSE IF (PEEK(65008%) AND 64%) 3090 ELSE 3100
3120 DATA 7,2.5,10.0,80.0,250,100
3130 DATA 0,28,520,28,2520,28,3920,28,6640,28,7820,28,8520,28
```

| | | |
|---|---|---|
| 0 | 240 | 330 |
| 120 | 3050 | 3070 |
| 140 | 140 | |
| 160 | 150 | |
| 170 | 170 | |
| 190 | 190 | |
| 200 | 200 | |
| 210 | 210 | |
| 220 | 220 | |
| 230 | 230 | |
| 240 | 240 | |
| 250 | 180 | |
| 300 | 290 | |
| 320 | 320 | |
| 330 | 290 | |
| 410 | 2310 | |
| 440 | 400 | |
| 480 | 460 | |
| 630 | 610 | |
| 680 | 660 | |
| 730 | 680 | |
| 750 | 710 | |
| 780 | 760 | |
| 810 | 750 | |

| | | | | | | |
|---|---|---|---|---|---|---|
| 820 | 800 | | | | | |
| 830 | 820 | 900 | 1420 | | | |
| 900 | 820 | | | | | |
| 1040 | 1020 | | | | | |
| 1100 | 1080 | | | | | |
| 1130 | 1390 | | | | | |
| 1170 | 1140 | | | | | |
| 1200 | 1170 | | | | | |
| 1220 | 1160 | | | | | |
| 1240 | 1150 | | | | | |
| 1260 | 1130 | | | | | |
| 1290 | 1260 | | | | | |
| 1310 | 1270 | | | | | |
| 1330 | 1290 | | | | | |
| 1340 | 1190<br>1320 | 1210 | 1230 | 1250 | 1280 | 1300 |
| 1350 | 1340 | | | | | |
| 1400 | 1340 | | | | | |
| 1430 | 820 | 890 | | | | |
| 1480 | 1440 | | | | | |
| 1500 | 1470 | | | | | |
| 1550 | 1520 | 1530 | | | | |
| 1630 | 2040 | | | | | |
| 1740 | 1720 | | | | | |

| 1760 | 1860 | 1890 |
|------|------|------|
| 1800 | 1770 | 1780 |
| 1830 | 1800 | 1810 |
| 1870 | 1840 |      |
| 1900 | 1870 |      |
| 1960 | 1910 | 1920 |
| 2010 | 1980 |      |
| 2020 | 2000 |      |
| 2060 | 1970 |      |
| 2090 | 2060 |      |
| 2110 | 1500 |      |
| 2160 | 2080 | 2100 |

| 2170 | 360  |      |      |      |      |      |
|------|------|------|------|------|------|------|
| 2350 | 2320 |      |      |      |      |      |
| 2420 | 2160 |      |      |      |      |      |
| 2660 | 150  |      |      |      |      |      |
| 2820 | 150  |      |      |      |      |      |
| 3060 | 2650 |      |      |      |      |      |
| 3070 | 1450 | 1480 |      |      |      |      |
| 3080 | 2560 | 2770 | 2810 | 2930 | 3050 | 3060 |
|      | 3080 |      |      |      |      |      |
| 3090 | 3110 |      |      |      |      |      |
| 3100 | 3110 |      |      |      |      |      |
| 3110 | 3090 |      |      |      |      |      |

| A   | =370  | =410  | 500   | =970  | 980   | 1040  |
|-----|-------|-------|-------|-------|-------|-------|
|     | =2020 | =2130 | 2390  | =2400 |       |       |
| A$  | =140  | 140   | =3080 | 3090  | 3100  | =3110 |
| *A$ | 50    |       |       |       |       |       |
| A1  | =380  | =420  | 510   | =1630 | 1770  | 1780  |
|     | =1790 | 1840  | 1850  | 1920  | 1980  | 1990  |
|     | 2060  | 2070  | =2140 | 2400  | =2410 |       |
| A2  | =1650 | 1800  | 1810  | =1820 | 1870  | 1880  |
|     | 1910  | 1980  | 1990  | 2020  | 2060  | 2070  |
|     | =2610 | 2630  |       |       |       |       |
| B   | =390  | =430  | 520   | =1110 | =1180 | 1180  |
|     | =1200 | =1220 | 1220  | =1240 | 1240  | =1310 |
|     | 1310  | =1330 | 1330  | 1350  | =1360 | 1400  |

| | | | | | |
|---|---|---|---|---|---|
| B1 | =910<br>1630 | 1110<br>1640 | =1350 | 1420 | =1560 | 1590 |
| B2 | =920 | 1360 | =1400 | 1420 | =1570 | 1600 |
| B3 | =340<br>2120 | 820<br>2310 | =830 | 1480 | 1490 | 2110 |
| B4 | =790 | =810 | 820 | 830 | | |
| B5 | =1640 | 1840 | =1850 | | | |
| B6 | =1660 | 1870 | =1880 | | | |
| B7 | =1990<br>2400 | =2010<br>=2430 | =2120<br>2430 | =2340<br>2550 | 2360 | =2370 |
| B8 | =2070<br>2410 | =2090<br>=2420 | =2110<br>2420 | =2330<br>2550 | 2350 | =2360 |
| C | =560<br>=620<br>1970 | 570<br>620<br>=2030 | 580<br>680<br>=2180 | =600<br>700<br>2250 | 600<br>=1620<br>2260 | 610<br>1680 |
| C1 | =180<br>2420 | =220<br>2430 | 450<br>2470 | 560<br>2610 | 970<br>2620 | 1600 |
| D | =570<br>670 | 630<br>680 | =650<br>740 | 650 | 660 | =670 |
| D$ | =170 | 170 | 180 | 290 | | |
| G9 | =490 | 1450 | 1460 | 2340 | | |
| H1 | =180 | =200 | 500 | 510 | 2470 | |
| I | =20F<br>=40F<br>300<br>460<br>900<br>2240<br>2600 | 20F<br>40F<br>310<br>470<br>1430F<br>2250<br>2610 | 20<br>40<br>320<br>480F<br>=2190F<br>2270<br>2630 | =30F<br>=270F<br>330F<br>=530F<br>2200<br>2280<br>2640F | 30F<br>280<br>=440F<br>560<br>2210<br>2300F | 30<br>290<br>450<br>840<br>2220<br>=2590F |
| J | =550F<br>750<br>1530<br>1610F<br>1770<br>1830F | 560<br>760<br>1540<br>=1670F<br>1780<br>=1900F | 690<br>770<br>1550F<br>1680<br>1790<br>1910 | 700<br>780F<br>=1580F<br>1740<br>1800<br>1920 | 730<br>=1510F<br>1590<br>1750F<br>1810<br>1960F | 740<br>1520<br>1600<br>=1760F<br>1820 |
| *J% | 60 | | | | | |
| K | =850F<br>960 | 860<br>970 | 870<br>980 | 880F<br>1040 | =940F<br>1410F | 950 |
| L1 | =350<br>=2380 | =840<br>2380 | 1530 | 1560 | 1570 | 2140 |
| N1 | =180<br>550<br>1760<br>2470 | =190<br>850<br>1900<br>2590 | 260<br>930<br>2170 | 270<br>1510<br>2180 | 440<br>1580<br>2200 | 530<br>1670<br>2380 |
| N2 | =580<br>=1050<br>1700<br>2280 | 590<br>1060<br>=2200<br>2290 | =630<br>=1100<br>2220 | 640<br>1340<br>2230 | =990<br>=1380<br>2250 | 1000<br>=1690<br>2260 |
| N3 | =930 | 940 | =2170 | 2190 | | |

| | | | | | |
|---|---|---|---|---|---|
| P( | (260) | =690 | =730 | 860 | 980 | =1740 |
| | 1770 | 1780 | 1790 | 1800 | 1810 | 1820 |
| | 1910 | 1920 | | | | |
| Q( | (260) | =280 | =860 | 1040 | =1540 | 1540 |
| | 1590 | 2210 | =2220 | 2220 | =2230 | 2610 |
| Q9 | =140 | 150 | | | | |
| R( | (260) | =290 | =320 | =450 | 450 | 460 |
| | 470 | 560 | 700 | 740 | 950 | 960 |
| | 1530 | 1560 | 1590 | 1780 | 1790 | 1800 |
| | 2140 | 2270 | =2280 | 2280 | =2290 | 2600 |
| R1 | =520 | | | | | |
| R2 | =950 | 970 | 1140 | 1150 | 1170 | 1200 |
| | 1220 | 1240 | 1260 | 1290 | 1330 | |
| R3 | =960 | 970 | 1130 | 1140 | 1180 | 1200 |
| | 1260 | 1270 | 1310 | | | |
| R9 | =250 | 460 | =470 | 490 | | |
| S1 | =180 | =210 | 560 | 970 | 1600 | 2470 |
| S2 | =590 | 600 | =640 | 650 | =1000 | 1010 |
| | =1060 | 1070 | =1700 | 1710 | =1940 | =2210 |
| | 2230 | =2240 | 2260 | =2270 | 2290 | =2350 |
| | 2370 | =2390 | 2410 | =2600 | 2610 | =2620 |
| | 2620 | 2630 | | | | |
| T1 | =500 | 1450 | =1460 | 1480 | =1490 | 1490 |
| | 1520 | 1540 | | | | |
| T2 | =510 | 1440 | 1480 | 1490 | 2320 | |
| U | =1120 | 1130 | 1140 | 1150 | 1170 | 1180 |
| | 1240 | 1260 | 1290 | 1330 | =1370 | =1680 |
| | 1690 | =1710 | 1710 | 1720 | =1730 | 1730 |
| | 1740 | | | | | |
| U1 | =980 | 990 | =1010 | 1010 | 1020 | =1030 |
| | 1030 | 1120 | | | | |
| U2 | =1040 | 1050 | =1070 | 1070 | 1080 | =1090 |
| | 1090 | 1370 | | | | |
| V1 | =180 | =230 | 360 | 380 | 410 | 520 |
| | 1500 | 2160 | 2510 | | | |
| V2 | =180 | =240 | 360 | 370 | 420 | 520 |
| | 1500 | 2160 | 2510 | | | |
| W( | (260) | =700 | =740 | 750 | 760 | 770 |
| | 870 | =1590 | 1680 | | | |
| W1 | =540 | 760 | =770 | 790 | | |
| X( | (260) | =870 | 1520 | 1530 | 1540 | =1600 |
| | 1680 | | | | | |
| Y( | (260) | =290 | =310 | 560 | 970 | 1570 |
| | 1600 | 2180 | 2240 | =2250 | 2250 | =2260 |
| | 2630 | | | | | |
| FNA( | =50 | 170 | | | | |
| FNB( | =60 | 80 | | | | |
| FNC | =70 | | | | | |
| FND | =80 | | | | | |

Länge des Programms      :   10685
Länge des Datenbereiches :   735

# 4 ANALYSE VON WASSERLEITUNGSNETZEN

## Allgemeines

Das Programm ROHRNETZ bestimmt den Wasserfluß und den Druck-
verlust in einem vermaschten Rohrleitungsnetz mit Hilfe des
Hardy-Cross-Verfahrens. Das Programm ist ausgelegt für bis zu
25 Maschen und 200 Rohren, wobei eine Masche aus maximal
25 Rohren bestehen darf. Diese Einschränkung kann durch eine
Erweiterung der Felder in den Feldanweisungen des Programms
geändert werden.

## Berechnungsverfahren

Das Programm berechnet durch ein Iterationsverfahren aufgrund
geschätzter Ausgangswerte des Wasserflusses den tatsächlichen
Fluß und den Druckabfall in einem Netz von Rohren verschiedener Länge, Durchmesser und Rohrreibungswerte.

Der Druckabfall P(I,J) eines Rohres J in der Masche I wird
nach folgender Formel berechnet:

$$P(I,J) = \frac{L(I,J)}{(0,2785 \cdot C(I,J))^{1,85}} \cdot \frac{Q(I,J)^{1,85}}{D(I,J)^{4,87}}$$

wobei

    L(I,J)  =  Länge des Rohres
    D(I,J)  =  Durchmesser des Rohres
    C(I,J)  =  Reibungswert des Rohres (Hazen Williams Koeff.)
    Q(I,J)  =  Geschätzter Durchfluß des Rohres

Der Fluß ist im Uhrzeigersinn als positiv, im Gegenuhrzeiger-
sinn als negativ definiert. Der Druckabfall der einzelnen
Rohre in jeder Masche wird unter Berücksichtigung des Vorzeichens algebraisch addiert:

$$F(I) = \sum_J P(I,J)$$

Bei korrekter Schätzung des Durchflusses aller Rohre einer
Masche ist F(I) für diese Masche gleich Null. Bei ungenauer
Schätzung ist F(I) ungleich Null. F(I) wird als Schließungs-
fehler bezeichnet. Der Benutzer muß vor der Berechnung einen
Toleranzfaktor als obere Grenze für diesen Schließungsfehler
angeben.

Mit Hilfe der Druckabfälle und der Schließungsfehler werden
die geschätzten Durchflüsse korrigiert. Der Korrekturfaktor
$\Delta Q(I)$ für die Masche I ist:

$$\Delta Q\ (I)\ =\ \frac{F\ (I)}{(\ \sum_{J} \frac{P\ (I,J)}{Q\ (I,J)}\ )\ \cdot\ 1,85}$$

Die Durchflüsse in jeder Masche werden korrigiert unter Berücksichtigung des Vorzeichens. Das Programm berechnet danach
mit den so korrigierten Flüssen korrigierte Druckabfälle.
Dieses Verfahren wird iterativ fortgesetzt bis alle Schlies-
sungsfehler unter dem verlangten Toleranzfaktor liegen.

## Benutzerhinweise

Das Programm wird in den RAM-Bereich geladen. Es besteht aus
zwei Teilen. Der erste Teil gibt eine Anleitung für die Eingabe, der zweite Teil ist das eigentliche Berechnungsprogramm.

Wird die Anleitung erwünscht, muß direkt nach dem Laden des
Programms RUN angegeben werden. Wird die Anleitung nicht er-
wünscht, müssen vor dem RUN-Befehl die Eingabedaten als DATA-
Anweisungen ab Zeilennummer 174ϕ eingegeben werden. Vor der
Eingabe muß jede Masche und jedes Rohr numeriert werden.

Als erste Daten müssen die Anzahl der Maschen M und der
Toleranzfaktor T der Schließungsfehler eingegeben werden:

174ϕ DATA M,T

Danach müssen die Daten gruppiert nach den Maschen nachein-
ander eingegeben werden. Die erste Zeile jeder Datengruppe

enthält die Anzahl N der Rohre in der Masche:

NNNN DATA N

Jede nachfolgende Zeile der Gruppe enthält die Angaben über
ein Rohr in der Masche

NNNN DATA PP, L, D, C, Q


Bedeutung der Parameter:

| | |
|---|---|
| M | Anzahl der Maschen |
| T | Toleranzfaktor der Schließungsfehler |
| N | Anzahl der Rohre in einer Masche |
| PP | Rohrnummer |
| L | Länge des Rohres in m |
| D | Durchmesser des Rohres in m |
| C | Hazen William Konstante des Rohres |
| Q | Schätzfluß in $m^3/s$ |


Die Flußrichtung eines Rohres von einer bestimmten Masche
gesehen wird durch das Vorzeichen des Schätzflusses festgelegt, wobei der Fluß im Uhrzeigersinn positiv und im Gegen-
uhrzeigersinn negativ definiert ist.

Die Eingabedaten haben danach folgendes Format:

```
174Ø DATA M, T
NNNN DATA N
NNNN DATA PP, L, D, C, Q
NNNN DATA PP, L, D, C, Q
        .
        .
        .
        .
NNNN DATA PP, L, D, C, Q
```
    1. Masche

```
NNNN DATA N
NNNN DATA PP, L, D, C, Q
        .
        .
        .
        .
NNNN DATA PP, L, D, C, Q
etc.
```
    2. Masche

Nach dem RUN-Befehl fragt das Programm, ob der Benutzer die
Anleitung wünscht. Sind die Daten eingegeben, wird "N", im
anderen Fall "J" eingetippt. Bei der nächsten Meldung des
Programms kann durch das Eintippen von "J" eine Liste mit den
eingegebenen Daten und Schätzflüssen (assumed flow) nach der
Nummer (LP) der Maschen ausgegeben werden.

Nach der Berechnung werden die Zahlen der ausgeführten
Iterationen angegeben. Danach wird in eine Liste gruppiert
nach den Maschen (loop) für jedes Rohr (pipe) der Fluß (flow)
in m$^3$/s und der Druckabfall (head loss) in m und in m pro
1000 m ausgegeben.

## Testbeispiel

Folgendes Netz wird untersucht:

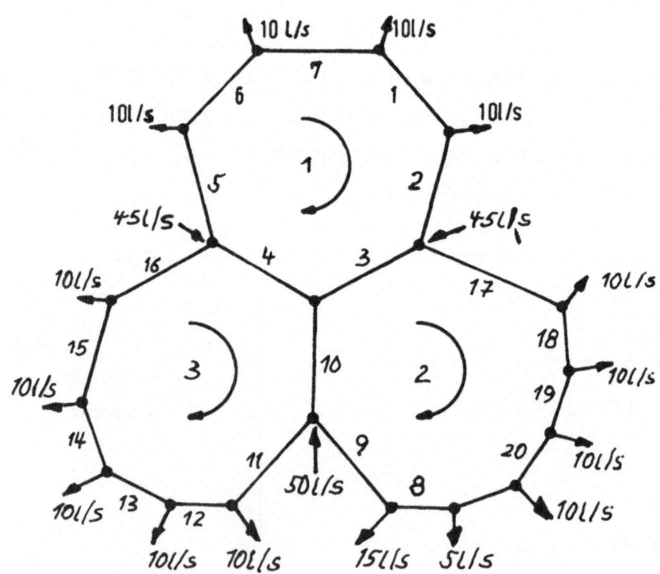

Programm   ROHRNETZ

```
10 PRINT CHR$(12,151) : PRINT " I C S    ROHR  NETZ  WERK     HR 79"
15 PRINT CHR$(151) : PRINT : IF PEEK(65064)<>251 THEN 1720
20 FOR I=31776 TO 31782 : POKE I,163 : NEXT I : FOR I=31745 TO 31751 : POKE I,163 : NEXT I
30 FOR I=31904 TO 31910 : POKE I,PEEK(I) OR 128 : NEXT I : FOR I=31873 TO 31879 : POKE I,PEEK(I) OR 128 : NEXT I
40 FOR I=32032 TO 32038 : POKE I,240 : NEXT I : FOR I=32001 TO 32007 : POKE I,240 : NEXT I
50 DEFFNA(A$)=((ASC(A$) OR 32)-32)*((ASC(A$)<64)+1)-(ASC(A$)<64)*ASC(A$)
60 DEFFNB(J%)=(J%/8%)*40%+(J%-(J%/8%)*8%)*128%+31744
70 DEFFNC=PEEK(65064)*256+PEEK(65063)-PEEK(65057)*256-PEEK(65056)
80 DEFFND=FNB(PEEK(65011))+PEEK(65012)
90 N%=9
100 PRINT CUR(12,0)"BRAUCHEN SIE INFORMATIONEN (J/N)?";CHR$(8);
110 GET Z$ : Z$=CHR$(FNA(Z$))
120 IF Z$="N" THEN 620 ELSE IF Z$<>"J" THEN 110
130 PRINT CHR$(12)"DIESES PROGRAMM ERRECHNET DEN WASSER-  DURCHFLUSS DURCH EIN NETZWERK VON"
140 PRINT "LEITUNGEN DURCH DIE HARDY-CROSS-METHODE.ES KANN BIS ZU"N%" SCHLEIFEN MIT JE BIS"
150 PRINT "ZU"N%" ROHREN, ALSO BIS ZU"N%*N%
160 PRINT "ROHRE ERFASSEN." : PRINT
170 PRINT "DATEN KÖNNEN IM DIALOG ODER DURCH DATA  STATEMENTS EINGEGEBEN WERDEN. BENUTZT"
180 PRINT "MAN DATA STATEMENTS, MUSS FOLGENDES" : PRINT "BEACHTET WERDEN:"
185 PRINT "DIE DATA STATEMENTS SOLLTEN AM ENDE DES"
190 PRINT "PROGRAMMS STEHEN UND FOLGENDE DATEN     ENTHALTEN:"
200 PRINT : PRINT "ANZAHL DER SCHLEIFEN" : PRINT "TOLERANZSCHWELLE DES KORREKTURFAKTORS"
210 GOSUB 1680
220 PRINT "NACH DER SCHLEIFENZAHL UND DEM" : PRINT "KORREKTURFAKTOR FOLGEN DIE DATEN DER"
230 PRINT "EINZELNEN SCHLEIFEN."
240 PRINT "DIE DATEN EINER SCHLEIFE SIND JEWEILS   ZUSAMMENGEFASST:"
250 PRINT : PRINT "ZUERST KOMMEN DIE DATEN ALLER LEITUNGEN DER ERSTEN SCHLEIFE, DANN DIE DER"
260 PRINT "ZWEITEN SCHLEIFE USW." : PRINT
270 PRINT "DIE DATEN EINER SCHLEIFE WERDEN WIE" : PRINT "FOLGT ANGEGEBEN:"
280 PRINT "ERSTES DATUM EINER SCHLEIFE IST DIE"
290 PRINT "ANZAHL DER ENTHALTENEN LEITUNGEN." : GOSUB 1680
300 PRINT "ALS NÄCHSTES KOMMEN DIE INFORMATIONEN   ÜBER DIE EINZELNEN LEITUNGEN WIE FOLGT:"
310 PRINT : PRINT "       R,L,D,C,Q" : PRINT
320 PRINT "WOBEI:    R = ROHRNUMMER"
330 PRINT "          L = ROHRLÄNGE IN M"
340 PRINT "          D = ROHRDURCHMESSER IN M"
350 PRINT "          C = KONSTANTE DES ROHRES FÜR"
360 PRINT "              DIE HAZEN WILLIAMS GLEICHUNG"
370 PRINT "          Q = SCHÄTZFLUSS IN QM/SEC"
380 PRINT : PRINT : PRINT "BITTE BEACHTEN SIE DIE ANGABE DER FLUSS-RICHTUNG IN FORM DES VORZEICHENS VON Q"
390 PRINT "ÜBLICHERWEISE WIRD IM UHRZEIGERSINN ALS POSITIVES Q UND GEGEN DEN UHRZEIGERSINN"
395 PRINT "ALS NEGATIVES Q ANGEGEBEN."
400 GOSUB 1680
```

```
410 PRINT CUR(O,O)"SETZEN WIR:" : PRINT "M = ANZAHL DER SCHLEIFEN"
420 PRINT "T = KORREKTURKONSTANTE"
430 PRINT "N = ANZAHL DER ROHRE IN DER SCHLEIFE"
440 PRINT "SO WERDEN DIE DATEN WIE FOLGT ANGEGEBEN:"
450 PRINT "         DATA M,T"
460 PRINT "         DATA N"
470 PRINT "         DATA R,L,D,C,Q     1. ROHR"
480 PRINT "         DATA R,L,D,C,Q     2. ROHR"
490 PRINT "                 ..."
500 PRINT "                 ...        DATEN FÜR"
510 PRINT "                 ...        1. SCHLEIFE"
520 PRINT "                 ..."
530 PRINT "         DATA R,L,D,C,Q     N. ROHR"
540 PRINT "         DATA N"
550 PRINT "         DATA R,L,D,C,Q     1. ROHR"
560 PRINT "                 ...        DATEN FÜR"
570 PRINT "                 ...        2. SCHLEIFE"
580 PRINT "         DATA R,L,D,C,Q     2. ROHR"
590 PRINT "                 ..."
600 PRINT "         USW. FÜR ALLE SCHLEIFEN."
610 GOSUB 1680
620 DIM P(N%),L(N%,N%),D(N%,N%),C(N%,N%),Q(N%,N%),K(N%,N%)
630 DIM G(N%,N%),T(N%,N%),S(N%*N%)
640 PRINT CHR$(12)"MÖCHTEN SIE DATA STATEMENTS BENUTZEN    ODER DIE DATEN EINTIPPEN (D/T)?";CHR$(8);
650 GET D$ : D$=CHR$(FNA(D$)) : IF D$<>"D" AND D$<>"T" THEN 650 ELSE PRINT "? "D$
660 IF D$="D" READ M,R : GOTO 690 ELSE ONERRORGOTO 660 : PRINT "GEBEN SIE DIE ANZAHL DER SCHLEIFEN"; : INPUT M
670 ONERRORGOTO 670 : PRINT "GEBEN SIE DEN TOLERANZFAKTOR"; : INPUT R : ONERRORGOTO O
680 GOSUB 1590
690 Z2=0
700 LET Z3=1
710 IF Z2=1 THEN 770
720 PRINT
730 PRINT
740 PRINT "WÜNSCHEN SIE EINE LISTE" : PRINT "DER EINGABEDATEN (J/N)?";CHR$(8);
750 GET Y$ : Y$=CHR$(FNA(Y$))
760 IF Y$="N" THEN Z3=0 : PRINT "? NEIN" : GOTO 880 ELSE IF Y$<>"J" THEN 750 ELSE PRINT "J"
770 PRINT CHR$(12)"*********************"
780 PRINT
790 PRINT
800 PRINT "NOMENKLATUR :-" : PRINT
810 PRINT "SN =SCHLEIFENNUMMER" : PRINT "RN =ROHRNUMMER"
820 PRINT "L  =LÄNGE IN METERN" : PRINT "D  =DURCHMESSER IN METERN"
830 PRINT "C  =KONSTANTE DER" : PRINT "    HAZEN WILLIAMS GLEICHUNG"
840 PRINT "A  =DRUCKABFALL" : PRINT "R  =REL. DRUCKABFALL PRO 1000 M"
850 PRINT "Q  =FLUSS IN QM/SEC" : PRINT "DELTA=KORREKTURFAKTOR"
860 GOSUB 1680
870 IF Z3<>1 THEN 880
880 FOR I=1 TO M
```

```
890 IF Z3<>0 PRINT CHR$(12)"SCHÄTZFLUSS  **************" : PRINT
900 IF Z3<>0 PRINT "SN RN    L        D       ·C      Q" : PRINT
910 IF D$="D" READ P(I)
920 FOR J=1 TO P(I)
930 IF D$="D" READ K(I,J),L(I,J),D(I,J),C(I,J),Q(I,J)
940 K9=K(I,J)
950 S(K9)=L(I,J)*(.2785*C(I,J))Ü(-1.85)
960 S(K9)=S(K9)*D(I,J)Ü(-4.87)
970 IF Z3<>1 THEN 990
980 PRINT I;K(I,J);TAB(7);L(I,J);TAB(14);D(I,J);TAB(21);C(I,J);TAB(28);Q(I,J)
990 NEXT J
1000 IF Z3=1 GOSUB 1680
1010 NEXT I : PRINT CHR$(12)"***** AUGENBLICK, BITTE *****"
1020 G=0
1030 LET G=G+1
1040 FOR I=1 TO M
1050 FOR J=1 TO P(I)
1060 LET T(I,J)=0
1070 NEXT J
1080 NEXT I
1090 FOR I=1 TO M
1100 LET F1=0
1110 LET F2=0
1120 FOR J=1 TO P(I)
1130 IF Q(I,J)<>0 H=S(K(I,J))*Q(I,J)*(ABS(Q(I,J)))Ü.85 ELSE H=0
1140 LET G(I,J)=H
1150 LET F1=F1+H
1160 IF H=0 THEN 1180
1170 LET F2=F2+ABS(H/Q(I,J))
1180 NEXT J
1190 LET X=F1/(F2*1.85)
1200 FOR J=1 TO P(I)
1210 LET T(I,J)=T(I,J)-X
1220 FOR I1=1 TO M
1230 IF I1=I THEN 1320
1240 FOR J1=1 TO P(I1)
1250 IF K(I1,J1)=K(I,J) THEN 1270
1260 GOTO 1310
1270 IF Q(I1,J1)=Q(I,J) THEN 1300
1280 LET T(I1,J1)=T(I1,J1)+X
1290 GOTO 1310
1300 LET T(I1,J1)=T(I1,J1)-X
1310 NEXT J1
1320 NEXT I1
1330 NEXT J
1340 NEXT I
1350 LET Z9=5
1360 FOR I=1 TO M
1370 FOR J=1 TO P(I)
1380 IF Q(I,J)<>T(I,J) THEN 1400
1390 LET Q(I,J)=SGN(Q(I,J))*1E-20
1400 LET Q(I,J)=Q(I,J)+T(I,J)
1410 NEXT J
1420 NEXT I
1430 FOR I=1 TO M
1440 FOR J=1 TO P(I)
1450 IF ABS(T(I,J))>ABS(R) THEN 1030
1460 NEXT J
1470 NEXT I
1480 LET Z9=4
1490 FOR I=1 TO M
```

```
1500 PRINT CHR$(12)"LÖSUNG NACH";G;" ITERATIONEN" : PRINT
1510 PRINT "SN RN   FLUSS(QM/S)     A        R"
1520 FOR J=1 TO P(I)
1530 PRINT I;K(I,J);TAB(10);Q(I,J);TAB(20);G(I,J);TAB(30);
1540 PRINT ABS(G(I,J)/L(I,J))*1000
1550 NEXT J
1560 GOSUB 1680
1570 NEXT I
1580 POKE 65063,0,PO%
1585 PRINT CHR$(12)"ERSTELLT VON" : PRINT : PRINT "I C S - GMBH          TEL.: 02303/50253" : END
1590 FOR I=1 TO M
1600 ONERRORGOTO 1600 : PRINT CHR$(12)"GEBEN SIE FÜR SCHLEIFE"I" DIE ROHRANZAHL"; : INPUT P(I)
1610 FOR J=1 TO P(I) : PRINT
1620 ONERRORGOTO 1620 : PRINT "GEBEN SIE DIE ROHRNUMMER"; : INPUT K(I,J)
1630 ONERRORGOTO 1630 : PRINT "GEBEN SIE DIE LÄNGE (M)"; : INPUT L(I,J)
1640 ONERRORGOTO 1640 : PRINT "GEBEN SIE DEN DURCHMESSER (M)"; : INPUT D(I,J)
1650 ONERRORGOTO 1650 : PRINT "GEBEN SIE DIE KONSTANTE DER HW-GLEICHUNG"; : INPUT C(I,J)
1660 ONERRORGOTO 1660 : PRINT "GEBEN SIE DEN SCHÄTZFLUSS (QM/S)"; : INPUT Q(I,J)
1670 NEXT J : NEXT I : ONERRORGOTO 0 : RETURN
1680 A$=CHR$(27,61,55,32) : IF INP(56%)>127% THEN 1680
1690 PRINT A$"Drücken Sie bitte irgendeine Taste."; : GOTO 1710
1700 PRINT A$"DRÜCKEN SIE BITTE IRGENDEINE TASTE!";
1710 IF INP(56%)>127% GET A$ : PRINT CHR$(12%) : RETURN ELSE IF (PEEK(65008%) AND 64%) 1690 ELSE 1700
1720 PRINT CUR(10,0)"BITTE GEBEN SIE NOCH EINMAL ^RUN^ UND"
1725 PRINT "BITTE BRECHEN SIE DAS PROGRAMM NICHT AB,HÖCHSTENS MIT RESET!"
1730 POKE 65063,0,251 : END
1740 DATA 3,.001
1750 DATA 7
1760 DATA 01,020,.050,100,-.010
1770 DATA 02,050,.125,100,-.020
1780 DATA 03,100,.150,100,1E-20
1790 DATA 04,100,.150,100,1E-20
1800 DATA 05,100,.150,100,.020
1810 DATA 06,050,.100,100,.010
1820 DATA 07,010,.050,100,.000
1830 DATA 8
1840 DATA 17,050,.150,100,.025
1850 DATA 18,050,.125,100,.015
1860 DATA 19,050,.075,100,.005
1870 DATA 20,100,.100,100,-.005
1880 DATA 08,050,.125,100,-.015
1890 DATA 09,025,.125,100,-.025
1900 DATA 10,100,.150,100,1E-20
1910 DATA 03,100,.150,100,-1E-20
1920 DATA 8

1930 DATA 04,100,.150,100,-1E-20
1940 DATA 10,100,.150,100,-1E-20
1950 DATA 11,025,.250,100,.025
1960 DATA 12,150,.125,100,.010
1970 DATA 13,150,.150,100,.005
1980 DATA 14,025,.050,100,-.005
1990 DATA 15,025,.067,100,-.015
2000 DATA 16,050,.1524,100,-.025
```

| | | |
|---|---|---|
| 0 | 670 | 1670 |
| 110 | 120 | |
| 620 | 120 | |
| 650 | 650 | |
| 660 | 660 | |
| 670 | 670 | |
| 690 | 660 | |
| 750 | 760 | |
| 770 | 710 | |
| 880 | 760 | 870 |
| 990 | 970 | |
| 1030 | 1450 | |
| 1180 | 1160 | |
| 1270 | 1250 | |
| 1300 | 1270 | |
| 1310 | 1260 | 1290 |
| 1320 | 1230 | |
| 1400 | 1380 | |
| 1590 | 680 | |
| 1600 | 1600 | |
| 1620 | 1620 | |
| 1630 | 1630 | |
| 1640 | 1640 | |
| 1650 | 1650 | |
| 1660 | 1660 | |

| | | | | | | |
|---|---|---|---|---|---|---|
| 1680 | 210<br>1560 | 290<br>1680 | 400 | 610 | 860 | 1000 |
| 1690 | 1710 | | | | | |
| 1700 | 1710 | | | | | |
| 1710 | 1690 | | | | | |
| 1720 | 15 | | | | | |
| A$ | =1680 | 1690 | 1700 | =1710 | | |
| *A$ | 50 | | | | | |
| C(, | (620) | =930 | 950 | 980 | =1650 | |
| D$ | =650 | 650 | 660 | 910 | 930 | |
| D(, | (620) | =930 | 960 | 980 | =1640 | |
| F1 | =1100 | =1150 | 1150 | 1190 | | |
| F2 | =1110 | =1170 | 1170 | 1190 | | |
| G | =1020 | =1030 | 1030 | 1500 | | |
| G(, | (630) | =1140 | 1530 | 1540 | | |
| H | =1130 | 1140 | 1150 | 1160 | 1170 | |
| I | =20F<br>=40F<br>930<br>=1040F<br>1130<br>1250<br>1390<br>1470F<br>=1590F<br>1650 | 20F<br>40F<br>940<br>1050<br>1140<br>1270<br>1400<br>=1490F<br>1600<br>1660 | 20<br>40<br>950<br>1060<br>1170<br>1340F<br>1420F<br>1520<br>1610<br>1670F | =30F<br>=880F<br>960<br>1080F<br>1200<br>=1360F<br>=1430F<br>1530<br>1620 | 30F<br>910<br>980<br>=1090F<br>1210<br>1370<br>1440<br>1540<br>1630 | 30<br>920<br>1010F<br>1120<br>1230<br>1380<br>1450<br>1570F<br>1640 |
| I1 | =1220F<br>1300 | 1230<br>1320F | 1240 | 1250 | 1270 | 1280 |

| | | | | | | |
|---|---|---|---|---|---|---|
| J | =920F | 930 | 940 | 950 | 960 | 980 |
| | 990F | =1050F | 1060 | 1070F | =1120F | 1130 |
| | 1140 | 1170 | 1180F | =1200F | 1210 | 1250 |
| | 1270 | 1330F | =1370F | 1380 | 1390 | 1400 |
| | 1410F | =1440F | 1450 | 1460F | =1520F | 1530 |
| | 1540 | 1550F | =1610F | 1620 | 1630 | 1640 |
| | 1650 | 1660 | 1670F | | | |
| *J% | 60 | | | | | |
| J1 | =1240F | 1250 | 1270 | 1280 | 1300 | 1310F |
| K(, | (620) | =930 | 940 | 980 | 1130 | 1250 |
| | 1530 | =1620 | | | | |
| K9 | =940 | 950 | 960 | | | |
| L(, | (620) | =930 | 950 | 980 | 1540 | =1630 |
| M | =660 | 880 | 1040 | 1090 | 1220 | 1360 |
| | 1430 | 1490 | 1590 | | | |
| N% | =90 | 140 | 750 | 620 | 630 | |
| P( | (620) | =910 | 920 | 1050 | 1120 | 1200 |
| | 1240 | 1370 | 1440 | 1520 | =1600 | 1610 |
| PO% | 1580 | | | | | |
| Q(, | (620) | =930 | 980 | 1130 | 1170 | 1270 |
| | 1380 | =1390 | 1390 | =1400 | 1400 | 1530 |
| | =1660 | | | | | |
| R | =660 | =670 | 1450 | | | |
| S( | (630) | =950 | =960 | 960 | 1130 | |
| T(, | (630) | =1060 | =1210 | 1210 | =1280 | 1280 |
| | =1300 | 1300 | 1380 | 1400 | 1450 | |
| X | =1190 | 1210 | 1280 | 1300 | | |
| Y$ | =750 | 750 | 760 | | | |
| Z$ | =110 | 110 | 120 | | | |
| Z2 | =690 | 710 | | | | |
| Z3 | =700 | =760 | 870 | 890 | 900 | 970 |
| | 1000 | | | | | |

| | | | | |
|---|---|---|---|---|
| Z9 | =1350 | =1480 | | |
| FNA( | =50 | 110 | 650 | 750 |
| FNB( | =60 | 80 | | |
| FNC | =70 | | | |
| FND | =80 | | | |

Länge des Programms       : 8890
Länge des Datenbereiches : 673

# Dauerkalender
von Achim Stößer

Im Taschenrechner + Mikrocomputer Jahrbuch 1981 veröffentlichte
<u>W.-R. Haberditz</u> ein Programm zur Wochentag-Berechnung für den
TI-59. Hier nun ein ähnliches Programm, wobei es allerdings
nicht so sehr um das Programm selbst, sondern um seine verschiedenen Darstellungsarten geht. In Fachzeitschriften oder
Büchern trifft man uneinheitliche Auflistungen an, die vor allem
für den (Noch-) Nicht-Fachmann oft unübersichtlich oder verwir-
rend sind.

<u>Flußdiagramm</u>

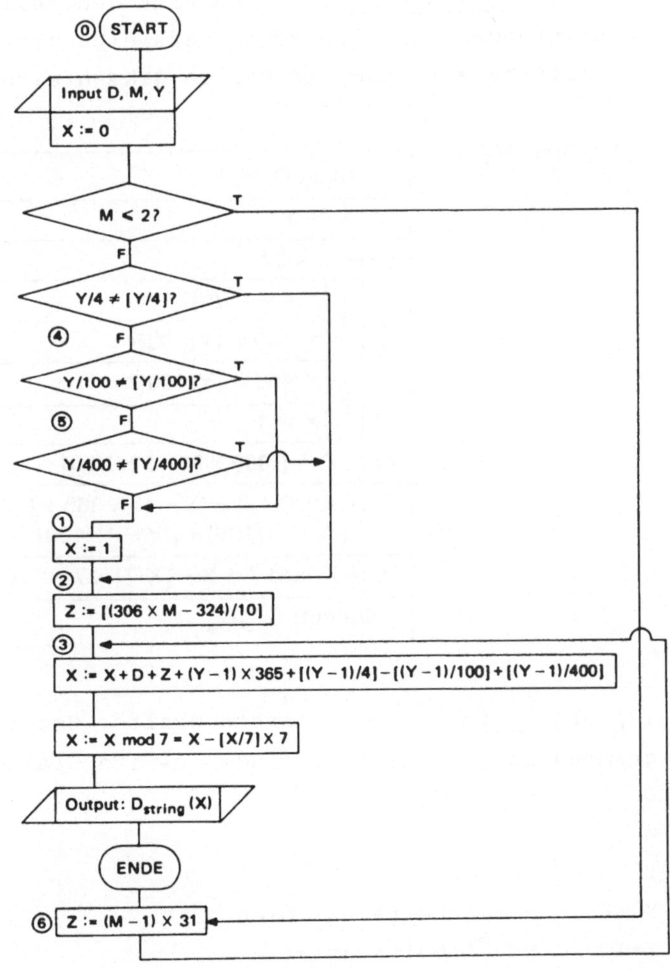

Diese Zusammenstellung des "Dauerkalenders" als
- Flußdiagramm,
- Struktogramm und
- BASIC-Programm für den HP 9830
soll den Einblick in die verschiedenen Darstellungsweisen er-
leichtern.

(1) Das <u>Flußdiagramm</u> entspricht den allgemein üblichen Diagrammen im wesentlichen. Die Entscheidungsfelder wurden in Anlehnung
an Rechnerprogramme so aufgebaut, daß "F" ("False", nicht erfüllt) den folgenden Schritt ausführen läßt, während "T" ("True",
erfüllt) den Sprung bewirkt.

(2) Das <u>Struktogramm</u> ist ebenfalls den üblichen Darstellungen
nachempfunden. Die logischen Verzweigungen jedoch sind mit Hilfe
seitlich herausgeführter Pfeile gekennzeichnet.

<u>Struktogramm</u>

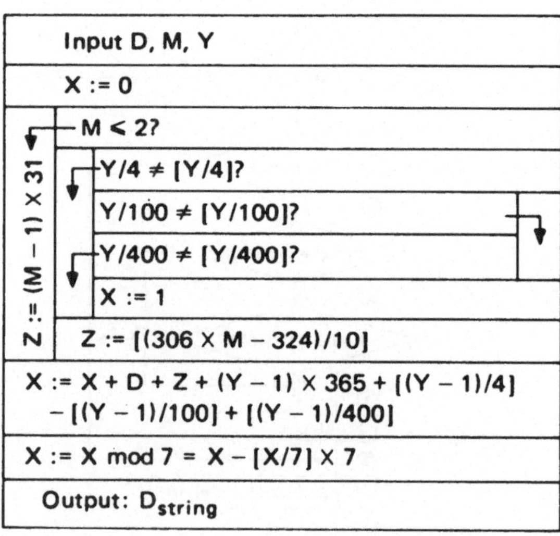


(3) Die <u>Variablen</u> sind (erste Spalte: Bezeichnung in den Diagrammen und im BASIC-Programm, zweite Spalte: Bedeutung):

D       -    Tag

M       -    Monat

Y       -    Jahr

X, Z    -    Arbeitsvariablen

Y-1     -    Arbeitsvariable

(4) Der <u>Codeschlüssel</u> zur Umwandlung von X in den Wochentag ist

O   1   2   3   4   5   6      X

So  Mo  Di  Mi  Do  Fr  Sa    $D_{string}(X)$

(5) Das <u>BASIC-Programm</u> ist in Minimal-BASIC mit String-Erweiterungen geschrieben. Die anschließende Auflistung der Variablen mit den zugehörigen Zeilennummern erfolgte durch den Befehl "XREF".

```
10 REM %%%%%%%%%%%%%%%%%%%%%%%%%%%%%%%%%%%%%%%%%%%%%%%%%%%%%%%%%%%%%%%%%%%%%%%%%%
20 REM "Dauerkalender" by Achim Stoesser * 0017 * 1980/81 **********************
30 REM %%%%%%%%%%%%%%%%%%%%%%%%%%%%%%%%%%%%%%%%%%%%%%%%%%%%%%%%%%%%%%%%%%%%%%%%%%
40 DIM D$[10]
50 BEEP
60 DISP "D A U E R K A L E N D E R"
70 WAIT 5000
80 PRINT
90 PRINT
100 DISP "Tag, Monat, Jahr";
110 INPUT D,M,Y
120 IF D<1 OR D>31 OR M<1 OR M>12 OR D#INTD OR M#INTM OR Y#INTY THEN 100
130 X=0
140 IF M <= 2 THEN 210
150 IF Y/4#INT(Y/4) THEN 190
160 IF Y/100#INT(Y/100) THEN 180
170 IF Y/400#INT(Y/400) THEN 190
180 X=1
190 Z=INT((306*M-324)/10)
200 GOTO 220
210 Z=(M-1)*31
220 X=X+D+Z+(Y-1)*365+INT((Y-1)/4)-INT((Y-1)/100)+INT((Y-1)/400)
230 X=X-INT(X/7)*7
240 FOR I=0 TO X
250 READ D$
260 NEXT I
270 WRITE (15,280)" Der"D"."M"."Y" war, ist oder wird ein "D$"."
280 FORMAT 2F3.0,2F5.0
290 REM "RESTORE": Zuruecksetzen der Datei
300 RESTORE
310 GOTO 80
320 DATA "Sonntag","Montag","Dienstag","Mittwoch","Donnerstag","Freitag","Samsta
330 END
```

| D$ | 40  | 250 | 270 |     |     |     |     |     |     |     |     |
|----|-----|-----|-----|-----|-----|-----|-----|-----|-----|-----|-----|
| D  | 110 | 120 | 120 | 120 | 120 | 220 | 270 |     |     |     |     |
| M  | 110 | 120 | 120 | 120 | 120 | 140 | 190 | 210 | 270 |     |     |
| Y  | 110 | 120 | 120 | 150 | 150 | 160 | 160 | 170 | 170 | 220 | 220 |
|    | 220 | 220 | 270 |     |     |     |     |     |     |     |     |
| X  | 130 | 180 | 220 | 220 | 230 | 230 | 230 | 240 |     |     |     |
| Z  | 190 | 210 | 220 |     |     |     |     |     |     |     |     |
| I  | 240 | 260 |     |     |     |     |     |     |     |     |     |

```
Der 29.  2. 1980 war, ist oder wird ein Freitag.

Der  1.  3. 1980 war, ist oder wird ein Samstag.

Der  1.  1. 2000 war, ist oder wird ein Samstag.

Der 12. 10. 1492 war, ist oder wird ein Mittwoch.
```

## Erweitertes Programm

```
10 REM %%%%%%%%%%%%%%%%%%%%%%%%%%%%%%%%%%%%%%%%%%%%%%%%%%%%%%%%%%%%%%%%%%%%%%%%%%%
20 REM "Kalender" by Achim Stoesser * 0017 * 1980/81 ****************************
30 REM %%%%%%%%%%%%%%%%%%%%%%%%%%%%%%%%%%%%%%%%%%%%%%%%%%%%%%%%%%%%%%%%%%%%%%%%%%%
40 DIM D$[10]
50 BEEP
60 DISP "   K  A  L  E  N  D  E  R"
70 WAIT 5000
80 PRINT
90 PRINT
100 DISP "Ausgabe: MONAT := 1 ; TAG := 2";
110 INPUT P
120 IF P#1 AND P#2 THEN 80
130 IF P=1 THEN 410
140 GOSUB 160
150 GOTO 350
160 DISP "Tag, Monat, Jahr";
170 INPUT D,M,Y
180 IF D<1 OR D>31 OR M<1 OR M>12 OR D#INTD OR M#INTM OR Y#INTY THEN 160
190 RESTORE
200 X=0
210 IF M <= 2 THEN 280
220 IF Y/4#INT(Y/4) THEN 260
230 IF Y/100#INT(Y/100) THEN 250
240 IF Y/400#INT(Y/400) THEN 260
250 X=1
260 Z=INT((306*M-324)/10)
270 GOTO 290
280 Z=(M-1)*31
290 X=X+D+Z+(Y-1)*365+INT((Y-1)/4)-INT((Y-1)/100)+INT((Y-1)/400)
300 X=X-INT(X/7)*7
310 FOR I=0 TO X
320 READ D$
330 NEXT I
340 RETURN
350 WRITE (15,360)" Der"D"."M"."Y" war, ist oder wird ein "D$"."
360 FORMAT 2F3.0,2F5.0
370 GOTO 80
380 DATA "Sonntag","Montag","Dienstag","Mittwoch","Donnerstag","Freitag","Samsta
390 DATA "Januar",31,"Februar",28,"Maerz",31,"April",30,"Mai",31,"Juni",30,"Juli"
400 DATA 31,"August",31,"September",30,"Oktober",31,"November",30,"Dezember",31
410 DISP "Monat, Jahr";
420 INPUT M,Y
430 IF M<1 OR M>12 OR M#INTM OR Y#INTY THEN 410
440 D=1
450 GOSUB 190
460 RESTORE 390
470 FOR N=1 TO M
480 READ D$,D1
490 NEXT N
500 IF M#2 OR Y/400=INT(Y/400) OR Y/4#INT(Y/4) THEN 520
510 D1=29
520 WRITE (15,530)17,17,17,17
530 FORMAT B," ",20"?",/,B," ",/,B," ",/,B," "
540 PRINT TAB10-(LEN(D$)+INTLGTY)/2;D$;Y
550 WRITE (15,530)17,17,17,17
560 PRINT " Mo Di Mi Do Fr Sa So"
570 T=X-SGNX*7+6
580 PRINT TABT*3;
590 FOR D2=1 TO D1
600 WRITE (15,610)D2;
610 FORMAT F3.0
620 IF T+D2-INT((T+D2)/7)*7 THEN 640
630 PRINT " "
640 NEXT D2
650 PRINT
660 GOTO 90
670 END
```

```
D$    40    320    350    480    540    540

P    110    120    120    130

D    170    180    180    180    180    290    350    440

M    170    180    180    180    180    210    260    280    350    420    430
     430    430    430    470    500

Y    170    180    180    220    220    230    230    240    240    290    290
     290    290    350    420    430    430    500    500    500    500    540
     540

X    200    250    290    290    300    300    300    310    570    570

Z    260    280    290

I    310    330

N    470    490

D1   480    510    590

T    570    580    620    620

D2   590    600    620    620    640


Der  1.  1.    0 war, ist oder wird ein Samstag



Der 24. 12. 3333 war, ist oder wird ein Donnerstag.
```

(6) Zuletzt wurde das Dauerkalender-Programm dahingehend erweitert, daß man nicht nur einzelne Tage, sondern auch Kalenderblätter eines ganzen Monats oder sogar Jahres (wenn man 12 Monate hintereinander ausdrucken läßt) abrufen kann. Die Zeilen 80 - 150, 340 (Unterprogrammrücksprung) und 390 - 660 wurden dem ursprünglichen Programm hinzugefügt (siehe "erweitertes Programm"). Wird in Zeile 100 weder 1 noch 2 eingegeben, werden zusätzlich zwei Leerzeilen ausgedruckt (Zeilen 80, 90, 120).

Beim Monatsausdruck werden zunächst Monat und Jahr eingegeben (Zeilen 410 - 430), dann wird der Wochentag des Ersten dieses Monats ermittelt (450), danach werden der Monatsname und seine Länge eingelesen (460 - 510, Daten 390 - 400). Die kompliziert aussehenden Zeilen 520 - 550 dienen dazu, die Querstriche auszudrucken und den Monatsnamen und das Jahr - gleich, ob Mai oder Dezember - in die Mitte - mit gleichem Randabstand - zu setzen (siehe Beispiele). Die Variable T errechnet und setzt die Leerstellen vor dem ersten Tag (570, 580) und bricht am Zeilenende ab (620).

<u>Beispiele</u>

```
-----------------------
       Mai 1981
-----------------------
Mo Di Mi Do Fr Sa So
             1  2  3
 4  5  6  7  8  9 10
11 12 13 14 15 16 17
18 19 20 21 22 23 24
25 26 27 28 29 30 31


-----------------------
       Juni 1981
-----------------------
Mo Di Mi Do Fr Sa So
 1  2  3  4  5  6  7
 8  9 10 11 12 13 14
15 16 17 18 19 20 21
22 23 24 25 26 27 28
29 30

-----------------------
      Januar 2000
-----------------------
Mo Di Mi Do Fr Sa So
                1  2
 3  4  5  6  7  8  9
10 11 12 13 14 15 16
17 18 19 20 21 22 23
24 25 26 27 28 29 30
31
```

# Stundenplangestaltung
## für die Schüler der Reformierten Oberstufe
von Peter Frahm

Die Reform der gymnasialen Oberstufe hat die Schule mit erheblichen Organisationsaufgaben belastet. Bedingt durch die
freie Fächerwahl der Schüler ergeben sich keine festen
Klassenverbände mehr, da im allgemeinen zwei Schüler keine
identische Fachzusammenstellung haben. Wie kommt es zu dieser
Situation? Der Schüler hat je nach Jahrgang aus einem Angebot
von ca. 17 Fächern 2 Leistungskurse zu wählen. Aus ca. 20
Fächern wählt er etwa 9 Grundkurse. Dies führt zu einer
Vielzahl von Kombinationsmöglichkeiten der Fächer, so daß
bei den etwa 100 Schülern eines Jahrgangs im allgemeinen
keine zwei gleiche Stundenpläne zu erwarten sind. Da es in
der Oberstufe 3 Jahrgänge gibt, sind für 300 Schüler individuelle Stundenpläne zu erstellen, während es bei der alten
Form der Oberstufe bei 15 Klassen mit 20 Schülern nur 15
Stundenpläne waren.

Welche Hilfe kann der Computer bei der Bewältigung dieser
Aufgabe leisten?

Da es sich bei diesem Problem im wesentlichen um das Sor-
tieren und Auszählen größerer Datenmengen nach vorgegebenen
Kriterien handelt, kann die Bearbeitung durch den Computer
zu einer erheblichen Zeitersparnis führen. Auch die übersicht-
lich gestaltete Ausgabe von Listen, die für das reibungslose
Funktionieren des Schulbetriebs in großer Zahl benötigt
werden, kann auf Grund der erfaßten Daten vom Rechner mit
Hilfe eines Schnelldruckers übernommen werden.

Im folgenden wird zunächst in einem Flußdiagramm der schema-
tische Ablauf der computerunterstützten Stundenplangestaltung
dargestellt: (B i l d 1)

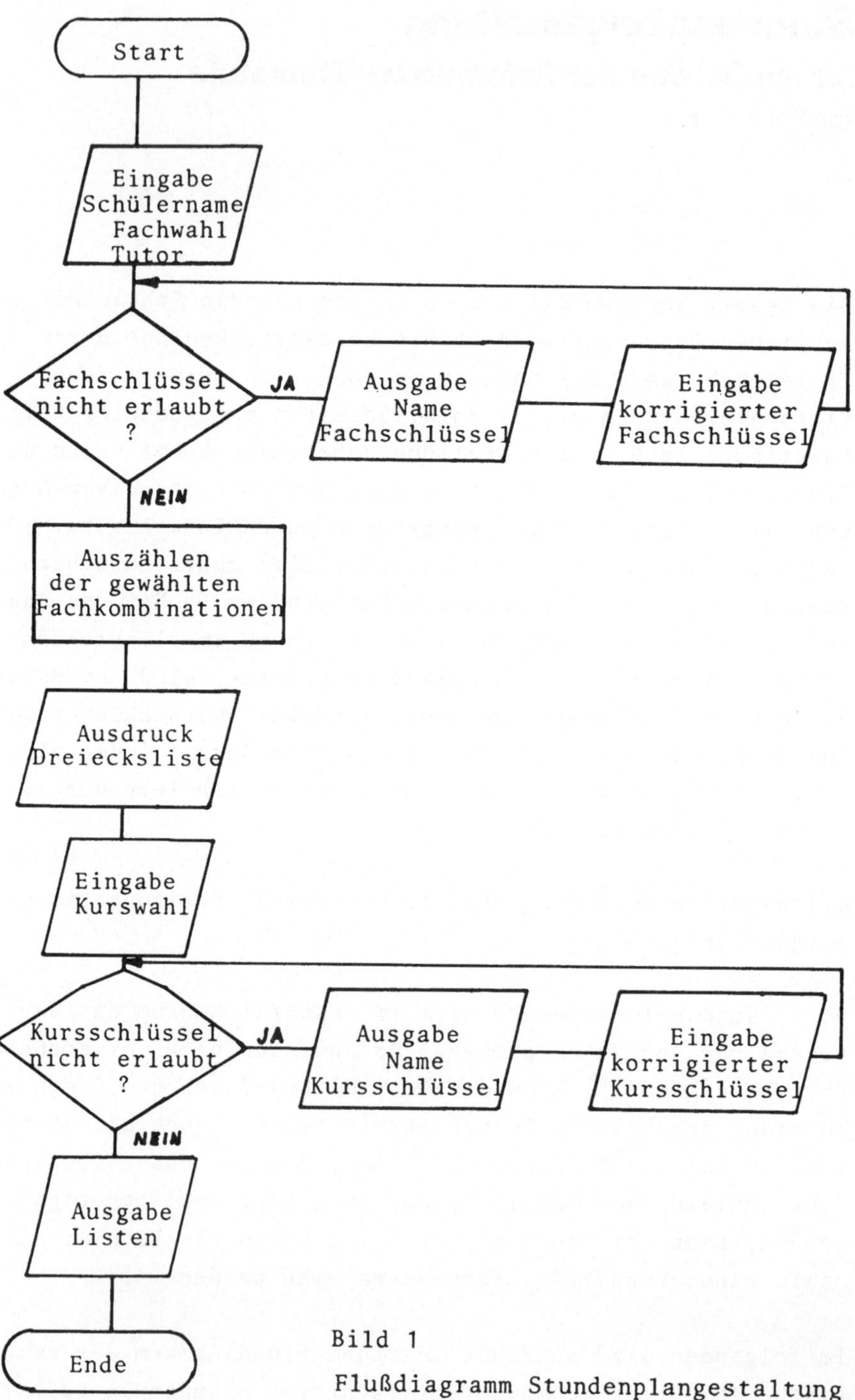


Bild 1

Flußdiagramm Stundenplangestaltung

## 1. Erfassung der Vorwahlen

Das Programm für die Vorwahl ist so konzipiert, daß die
Wahlen von bis zu 150 Schülern pro Jahrgang erfaßt werden
können. Der Schüler wählt die von ihm geforderten Grund- und
Leistungskurse, welche durch einen dreistelligen Schlüssel
festgelegt sind. Der Name, Tutor und sämtliche Fachschlüssel
eines Schülers werden von der Sekretärin der Schule über das
Tastenfeld im Dialogverkehr in den Zentralspeicher des
Computers eingegeben. Die Fachwahl wird in einem 2-dimensio-
nalen Bereichsspeicher, die Namen und die Tutoren je in einem
1-dimensionalen Bereichsspeicher abgelegt. Die Bereichs-
variablen werden in einer Jahrgangsdatei auf einer Floppy-
Disk gespeichert.

## 2. Kontrolle der gespeicherten Fachschlüssel

Da eine Fachwahl nur bei exakter Angabe der Fachschlüssel
vom Computer erkannt werden kann, müssen die Angaben der
Schüler und die Eingabe über das Tastenfeld auf mögliche Ab-
weichung von den vorgegebenen Fachschlüsseln überprüft werden.
Zu diesem Zweck befinden sich alle möglichen Fachschlüssel
in einer Fächerverzeichnisdatei, so daß ein Programm die
Fachwahlschlüssel der Schüler mit den vorgegebenen Fachschlüsseln vergleichen kann und bei Abweichungen die Schüler-
namen mit den nicht erlaubten Fachschlüsseln über den Drucker
ausgeben kann.

Ein Korrekturprogramm ermöglicht im Dialogverkehr den Abruf
des Schülernamens und anschließende Korrektur der entsprechenden Fachschlüssel.

## 3. Erstellung der Kursblockung

Die Kursblockung muß gewährleisten, daß zwei von einem be-
liebigen Schüler gewählte Fächer nicht zur gleichen Zeit
unterrichtet werden sollen. Es ist also nach der Fachwahl
der Schüler festzustellen, welche Fächerkombinationen von
keinem Schüler gewählt wurden. Genau diese Fächer dürften
dann zur gleichen Zeit im Stundenplan erscheinen und bilden

somit einen Block (B i l d 2). Das Auszählen der Kombinationen leistet das Programm "F 4" (B i l d 3). Die Ergebnisse werden in einem x - y Raster (B i l d 4) ausgegeben und dienen zur Erstellung der Kursblockung.

```
DOMSCHULE SCHLESWIG                                   24.06.82
13. JAHRGANG
DATEI: V/3/8/82


               KURSVERZEICHNIS DES 13.JAHRGANGS


BLOCK NR    FACH                ABK.      LEHRER                ABK.

 A
       1    BIOLOGIE            3AB       FRAU DR. SCHARFEKANT  SPK
       2    DEUTSCH             3AD       EVERS                 EV
       3    ENGLISCH            3AE       FRAU THEILE           TL
       4    ERDKUNDE            3AEK      HERMANN               HR
       5    GESCHICHTE          3AG       HUSLAGE               HU
       6    MATHEMATIK          3AM       DR. ULBRICHT          UL
.......................................................................
 B
       7    BIOLOGIE            3BB       BUSCHE                BU
       8    CHEMIE              3BC       WOLLSCHLAEGER         WO
       9    ENGLISCH            3BE       MUELLER               MUE
      10    ERDKUNDE            3BEK      SCHROEDER             SR
      11    FRANZ. A.           3BFA      GRIESE                GRI
      12    FRANZ. F.           3BFF      DR. LEUPOLD           LP
      13    PHYSIK              3BP       FRAHM                 FRA
.......................................................................
 C
      14    BIOLOGIE            3CB       OWESEN                OW
      15    DEUTSCH             3CD       HUSLAGE               HU
      16    PSYCHOLOGIE         3CPS      FRAU SCHOENBORN       SOE
.......................................................................
 D
      17    BIOLOGIE            3DB       FRAU WILL             WL
      18    DEUTSCH             3DD       ZAMOW                 ZA
      19    ENGLISCH            3DE       KLAWE                 KLA
.......................................................................
 E
      20    DEUTSCH             3ED       SCHROETER             SRT
      21    GESCHICHTE          3EG       SKIERKA               SKI
      22    LATEIN F.           3ELF      DR. VOGT              VO
      23    MATHEMATIK          3EM       BERGEN                BE
.......................................................................
 F
      24    DEUTSCH             3FD       TOLLKNAEPPER          TK
      25    FRANZ. A.           3FFA      FRAU FRIEDRICH        FRI
      26    FRANZ. A.           3FFF      FRAU FRIEDRICH        FRI
      27    LATEIN A.           3FLA      DR. VOGT              VO
      28    MATHEMATIK          3FM       KUEHN                 KUE
.......................................................................
 G
      29    CHEMIE              3GC       BUSCHE                BU
      30    GESCHICHTE          3GG       DR. HARTMANN          HT
      31    PHYSIK              3GP       DR. ULBRICHT          UL
.......................................................................
 H
      32    ERDKUNDE            3HEK      NAWROCKI              NA
      33    GESCHICHTE          3HG       HERMANN               HR
      34    RECHTSKUNDE         3HRK      DR. THODE             THO
.......................................................................
```

Bild 2      Ausdruck Kursblockung

```
5 REM PROGRAMMNAME "F4"
6 REM FAECHERKOMBINATIONEN DER LEISTUNGSKURSE
10 DIM A$(150)25,B$(150,14)3,C$(150)3,F$(35)3,Z(30)
20 SELECT PRINT 005:PRINT HEX(030A0A0A)
30 INPUT "NAME DER FACHWAHLDATEI.........",D$:PRINT
40 INPUT "NAME DES FACHVERZEICHNISSES....",F$:PRINT
50 INPUT "NR DES JAHRGANGS..............",S$:PRINT
60 INPUT "DATUM.......................",T$
70 SELECT PRINT 215(95)
80 PRINT "DOMSCHULE SCHLESWIG";:PRINT TAB(60);T$
90 PRINT S$;". JAHRGANG"
100 PRINT "DATEI: ";D$:PRINT :PRINT
110 PRINT HEX(0E):PRINT TAB(1);"FAECHERKOMBINATIONEN DER LEISTUNGSKURSE":PRINT
120 PRINT HEX(0E):PRINT TAB(15);S$;". JAHRGANG":PRINT :PRINT
130 REM ***    LADEN DER FACHWAHLDATEI    ***
140 DATA LOAD DC OPEN F D$
150 DATA LOAD DC A$(),N
160 DATA LOAD DC B$(),N
170 DATA LOAD DC C$(),N
180 REM ***    LADEN DER FACHVERZEICHNISDATEI    ***
190 DATA LOAD DC OPEN F F$
200 DATA LOAD DC F$(),K,K1
210 FOR M=1 TO K1:PRINTUSING 220,F$(M);:NEXT M:PRINT
220 %###-
230 REM ***    AUSZAEHLEN DER KOMBINATIONEN    ***
240 FOR M=1 TO K1
250 FOR I=M+1 TO K1
260 FOR P=1 TO N
270 FOR J=1 TO 2
280 IF B$(P,J)<>F$(M) THEN 370
290 IF I<>M+1 THEN 310
300 Z(M)=Z(M)+1
310 FOR Q=1 TO 2
320 IF B$(P,Q)<>F$(I) THEN 350
330 Z(I)=Z(I)+1
340 GOTO 380
350 NEXT Q
360 GOTO 380
370 NEXT J
380 NEXT P
390 NEXT I
400 REM ***    AUSDRUCK DER LISTE    ***
410 PRINT TAB(4*M-4);
420 FOR L=M TO K1:PRINTUSING 430,Z(L);:NEXT L:PRINT F$(M):PRINT
430 %###-
440 Z(M)=0:FOR L=M+1 TO K1:Z(L)=0:NEXT L:NEXT M
450 PRINT HEX(0C)
460 END
```

Bild 3      Programm zum Auszählen der Fächerkombination

```
DOMSCHULE SCHLESWIG                          24.06.82
13. JAHRGANG
DATEI: F/3/4/82
```

## FAECHERKOMBINATIONEN DER LEISTUNGSKURSE
## 13. JAHRGANG

| | DEU | ENG | FRA | FRF | FRG | LAA | LAF | GRI | MUS | KUN | ERD | GES | MAT | PHY | CHE | BIO | REL | PHI | STH | REK | PSY |
|---|---|---|---|---|---|---|---|---|---|---|---|---|---|---|---|---|---|---|---|---|---|
| 0-DEU | 17- | 6- | 2- | 2- | 0- | 0- | 0- | 0- | 0- | 0- | 0- | 0- | 0- | 1- | 0- | 6- | 0- | 0- | 0- | 0- | 0- |
| 0-ENG | | 28- | 1- | 2- | 0- | 0- | 0- | 0- | 0- | 0- | 8- | 2- | 3- | 0- | 1- | 5- | 0- | 0- | 0- | 0- | 0- |
| 0-FRA | | | 10- | 0- | 0- | 0- | 0- | 0- | 0- | 4- | 0- | 2- | 0- | 0- | 1- | 0- | 0- | 0- | 0- | 0- | 0- |
| 0-FRF | | | | 9- | 0- | 0- | 0- | 0- | 0- | 2- | 1- | 0- | 0- | 0- | 2- | 0- | 0- | 0- | 0- | 0- | 0- |
| 0-FRG | | | | | 0- | 0- | 0- | 0- | 0- | 0- | 0- | 0- | 0- | 0- | 0- | 0- | 0- | 0- | 0- | 0- | 0- |
| 0-LAA | | | | | | 0- | 0- | 0- | 0- | 0- | 0- | 0- | 0- | 0- | 0- | 0- | 0- | 0- | 0- | 0- | 0- |
| 0-LAF | | | | | | | 0- | 0- | 0- | 0- | 0- | 0- | 0- | 0- | 0- | 0- | 0- | 0- | 0- | 0- | 0- |
| 0-GRI | | | | | | | | 0- | 0- | 0- | 0- | 0- | 0- | 0- | 0- | 0- | 0- | 0- | 0- | 0- | 0- |
| 0-MUS | | | | | | | | | 0- | 0- | 0- | 0- | 0- | 0- | 0- | 0- | 0- | 0- | 0- | 0- | 0- |
| 0-KUN | | | | | | | | | | 0- | 0- | 0- | 0- | 0- | 0- | 0- | 0- | 0- | 0- | 0- | 0- |
| 0-ERD | | | | | | | | | | | 37- | 0- | 6- | 3- | 1- | 13- | 0- | 0- | 0- | 0- | 0- |
| 0-GES | | | | | | | | | | | | 9- | 0- | 0- | 3- | 3- | 0- | 0- | 0- | 0- | 0- |
| 0-MAT | | | | | | | | | | | | | 17- | 4- | 1- | 1- | 0- | 0- | 0- | 0- | 0- |
| 0-PHY | | | | | | | | | | | | | | 8- | 0- | 0- | 0- | 0- | 0- | 0- | 0- |
| 0-CHE | | | | | | | | | | | | | | | 9- | 3- | 0- | 0- | 0- | 0- | 0- |
| 0-BIO | | | | | | | | | | | | | | | | 34- | 0- | 0- | 0- | 0- | 0- |
| 0-REL | | | | | | | | | | | | | | | | | 0- | 0- | 0- | 0- | 0- |
| 0-PHI | | | | | | | | | | | | | | | | | | 0- | 0- | 0- | 0- |
| 0-STH | | | | | | | | | | | | | | | | | | | 0- | 0- | 0- |
| 0-REK | | | | | | | | | | | | | | | | | | | | 0- | 0- |
| 0-PSY | | | | | | | | | | | | | | | | | | | | | 0- |

Bild 4        Ausdruck Fächerkombination

## 4. Kurswahl

Auf Grund der Kursblockung und des Stundenplanrasters
(B i l d 5) wählt der Schüler seine Kurse und stellt sich damit seinen individuellen Stundenplan zusammen. Hierbei be-
dient er sich eines 4-stelligen Schlüssels, z. B.

| - | Jahrgang | Block | Fach | Kurs |
|---|----------|-------|------|------|
|   | 3 | E | L | F |

- 1. Stelle   Der Schüler ist im 13. Jahrgang
- 2. Stelle   Der Schüler hat im Block E Unterricht, d. h.
  Mittwoch, 3. und 4. Stunde, Montag, 6. Stunde
- 3. Stelle   Der Schüler hat das Fach Latein gewählt
- 4. Stelle   Der Schüler hat im Kurs Latein Unterricht für
  Fortgeschrittene.

K U R S B L O C K U N G    13. Jahrgang    Schuljahr 1982/83

| Stde. | Montag | Dienstag | Mittwoch | Donners-tag | Freitag | Samstag |
|-------|--------|----------|----------|-------------|---------|---------|
| 1. | K | B | H | A | I | D |
| 2. | C | B | H | A | I | D |
| 3. | A | F | E | G | C | G |
| 4. | B | F | E | G | C | I |
| 5. | ✕ | A | D | B | H | ✕ |
| 6. | E | K | A | B | F | ✕ |

Bild 5      Stundenplanraster

Ähnlich wie bei den Vorwahlen werden die Daten im Dialogverkehr eingegeben und anschließend auf Zulässigkeit der Kurs-
schlüssel geprüft.


## 5. Ausdrucken der Listen

Die Gesamtliste enthält die Schüler eines Jahrgangs, ihre
Tutoren und ihre gewählten Fächer (B i l d 6). Die beiden
ersten sind die Leistungsfächer, das dritte und vierte die
weiteren Abiturprüfungsfächer. Neben den Kursschlüsseln sind
dies die Merkmale, nach denen Kurslisten auf Grund eines
entsprechenden Sortierprogramms "K 13" (B i l d 7) erstellt
werden können.

- 1) Listen für die Leistungskurse
- 2) Listen für die Grundkurse mit Angabe, ob der Schüler
     das betreffende Fach als Prüfungsfach gewählt hat
     (B i l d 8)
- 3) Tutorenlisten, aus denen die Tutoren die Namen der
     Tutanden und deren Kurswahlen entnehmen können
- 4) Zensurenlisten, in denen die Fachlehrer die Halbjahres-
     zensuren unter den entsprechenden Kursschlüsseln ein-
     tragen. Mit Hilfe dieser Listen werden die erworbenen
     Zensuren (Punkte) in den Computer eingegeben, um hieraus
     auf Grund eines hier nicht beschriebenen Programms die
     Fachhochschulreife und die Abiturzulassung zu errechnen.
- 5) Listen mit persönlichen Schülerdaten

DOMSCHULE SCHLESWIG                                                24.06.82
13 . JAHRGANG
DATEI: K/3/8/82


## KURSWAHL DES 13 . JAHRGANGS

| NR. | NAME VORNAME | TUT | L1 | L2 | G3 | G4 | G5 | G6 | G7 | G8 | G9 | G10 | G11 | G12 | G13 |
|---|---|---|---|---|---|---|---|---|---|---|---|---|---|---|---|
| 1 | SCHUELERNAME 1 | TG | 3AEK | 3BP | 3FFF | 3HG | 3CD | 3EM | ST | | | | | | |
| 2 | SCHUELERNAME 2 | GRA | 3AD | 3BE | 3DB | 3HEK | 3GG | SL | | | | | | | |
| 3 | SCHUELERNAME 3 | | 3AM | 3BC | 3CD | 3HG | SA | | | | | | | | |
| 4 | SCHUELERNAME 4 | GRA | 3AM | 3BEK | 3CB | 3DD | 3GG | | | | | | | | |
| 5 | SCHUELERNAME 5 | KA | 3AD | 3BE | 3EM | 3HEK | 3CB | 3IG | SV | | | | | | |
| 6 | SCHUELERNAME 6 | TB | 3AE | 3BB | 3HEK | 3KTH | SV | 3EG | 3FD | 3CPS | | | | | |
| 7 | SCHUELERNAME 7 | PL | 3AD | 3BE | 3CB | 3EG | 3HEK | SR | | | | | | | |
| 8 | SCHUELERNAME 8 | TG | 3AM | 3BEK | 3IG | 3DD | 3CB | 3GP | SL | | | | | | |
| 9 | SCHUELERNAME 9 | WL | 3AE | 3BEK | 3FD | 3CB | 3HG | SA | | | | | | | |
| 10 | SCHUELERNAME 10 | TK | 3AEK | 3BB | 3FD | 3GG | 3DE | 3EM | SR | | | | | | |
| 11 | SCHUELERNAME 11 | | 3AM | 3BP | 3EG | 3DD | 3HRK | SV | | | | | | | |
| 12 | SCHUELERNAME 12 | WR | 3AM | 3BEK | 3FFA | 3KTH | 3GP | 3ED | 3IG | SL | SH | 3DE | | | |
| 13 | SCHUELERNAME 13 | STR | 3AD | 3BB | 3DE | 3IEK | 3GG | 3HRK | SH | | | | | | |
| 14 | SCHUELERNAME 14 | SPK | 3AB | 3BEK | 3CD | 3KTH | 3FM | 3IG | SR | | | | | | |
| 15 | SCHUELERNAME 15 | WR | 3AD | 3BB | 3IEK | 3KTH | 3DE | 3GG | SV | | | | | | |
| 16 | SCHUELERNAME 16 | STR | 3AE | 3BFA | 3HG | 3DB | 3FD | 3GC | SV | | | | | | |
| 17 | SCHUELERNAME 17 | HU | 3AE | 3BEK | 3CD | 3DB | 3EM | 3HG | SA | | | | | | |
| 18 | SCHUELERNAME 18 | GRI | 3AB | 3BFA | 3EM | 3FD | 3HEK | 3IG | SA | | | | | | |
| 19 | SCHUELERNAME 19 | HU | 3AG | 3BE | 3CB | 3KTH | 3FD | 3IPS | SV | | | | | | |
| 20 | SCHUELERNAME 20 | PU | 3AEK | 3BFF | 3CB | 3DD | 3FLA | 3GG | SL | | | | | | |
| 21 | SCHUELERNAME 21 | BU | 3AEK | 3BB | 3FD | 3EM | 3HG | 3CPS | SR | SL | 2GK | | | | |
| 22 | SCHUELERNAME 22 | SRT | 3AEK | 3BFA | 3GC | 3CB | 3ED | 3IG | SL | | | | | | |
| 23 | SCHUELERNAME 23 | BU | 3AD | 3BB | 3IEK | 3HG | 3DE | 3CPS | SH | 3FM | | | | | |
| 24 | SCHUELERNAME 24 | WO | 3AEK | 3BC | 3ELF | 3IG | 3DD | 3CB | SF | | | | | | |
| 25 | SCHUELERNAME 25 | TL | 3AE | 3BEK | 3CB | 3DD | 3FLA | 3IG | 3EM | SF | | | | | |
| 26 | SCHUELERNAME 26 | SPK | 3AB | 3BFF | 3HEK | 3IG | 3CPS | 3ED | SA | ST | | | | | |
| 27 | SCHUELERNAME 27 | WL | 3AM | 3BE | 3FFA | 3HG | 3DD | 3GP | 3CPS | SG | 2KRE | | | | |
| 28 | SCHUELERNAME 28 | PU | 3AM | 3BC | 3ELF | 3HG | 3FD | 3GP | SV | | | | | | |
| 29 | SCHUELERNAME 29 | TL | 3AE | 3BEK | 3DD | 3CB | 3EM | 3HG | SH | | | | | | |
| 30 | SCHUELERNAME 30 | SPK | 3AB | 3BE | 3ELF | 3GG | 3CD | 3FFA | 2IK | SR | | | | | |
| 31 | SCHUELERNAME 31 | HU | 3AG | 3BB | 3CD | 3KTH | 3DE | 3FM | 3HEK | SL | | | | | |
| 32 | SCHUELERNAME 32 | ME | 3AEK | 3BE | 3CB | 3KTH | 3EM | 3FD | SL | | | | | | |
| 33 | SCHUELERNAME 33 | WO | 3AB | 3BC | 3ELF | 3IG | 3DD | 2KPH | ST | | | | | | |
| 34 | SCHUELERNAME 34 | UL | 3AM | 3BE | 3GP | 3IG | 3FFA | 3DD | 3CPS | SV | | | | | |
| 35 | SCHUELERNAME 35 | GRA | 3AM | 3BP | 3DE | 3HEK | 3ED | 3GG | SL | | | | | | |
| 36 | SCHUELERNAME 36 | HT | 3AB | 3BEK | 3DE | 3KTH | 3ED | 3GG | SF | | | | | | |
| 37 | SCHUELERNAME 37 | KA | 3AD | 3BFF | 3CB | 3HEK | 3EG | 3FLA | 3IPS | SV | | | | | |
| 38 | SCHUELERNAME 38 | SPK | 3AB | 3BE | 3IEK | 3KTH | 3FD | 3GG | SA | SL | | | | | |
| 39 | SCHUELERNAME 39 | SPK | 3AB | 3BE | 3IEK | 3KTH | 3FD | 3GG | SA | SL | | | | | |
| 40 | SCHUELERNAME 40 | GRA | 3AEK | 3BB | 3FD | 3KTH | 3EM | 3HG | SR | SA | | | | | |
| 41 | SCHUELERNAME 41 | KA | 3AM | 3BP | 3EG | 3FD | 3DB | 3IEK | 3HRK | SV | | | | | |
| 42 | SCHUELERNAME 42 | BU | 3AD | 3BB | 3HG | 3KTH | 3ELF | 3GC | 3CPS | | | | | | |
| 43 | SCHUELERNAME 43 | KA | 3AB | 3BC | 3GG | 3ED | 3FM | SS | 2KPH | 2LK | | | | | |
| 44 | SCHUELERNAME 44 | KA | 3AEK | 3BB | 3CD | 3KTH | 3IG | 3FM | 3ELF | SH | SL | | | | |
| 45 | SCHUELERNAME 45 | SKI | 3AM | 3BE | 3GC | 3HEK | 3CB | 3DD | 3EG | 3IPS | SA | | | | |
| 46 | SCHUELERNAME 46 | HT | 3AE | 3BEK | 3CB | 3DD | 3GG | SL | | | | | | | |
| 47 | SCHUELERNAME 47 | HT | 3AD | 3BE | 3EM | 3HEK | 3GP | 3IG | SA | | | | | | |
| 48 | SCHUELERNAME 48 | KE | 3AD | 3BE | 3DB | 3IEK | 3GG | 3CPS | SL | | | | | | |
| 49 | SCHUELERNAME 49 | SPK | 3AB | 3BEK | 3FM | 3DD | 3GC | 3IG | SH | | | | | | |
| 50 | SCHUELERNAME 50 | PL | 3AEK | 3BFA | 3CB | 3GG | 3IPS | SA | | | | | | | |

Bild 6     Gesamtliste

```
5 REM PROGRAMMNAME "K13"
6 REM EINZELAUSDRUCK DER KURSE"
10 DIM A$(130)20,B$(130,13)4,C$(130)3,F$20,K$4,L$20
20 SELECT PRINT 005:PRINT HEX(030A0A0A)
30 INPUT "NAME DER DATEI.......",D$:PRINT
40 INPUT "NR. DES JAHRGANGS....",S:PRINT
50 INPUT "DATUM...............",T$
60 DATA LOAD DC OPEN F D$
70 DATA LOAD DC A$(),N
80 DATA LOAD DC B$(),N
90 DATA LOAD DC C$(),N
100 P=0
110 PRINT HEX(030A)
120 PRINT TAB(4);"NACH DEM LETZTEN FACH DES JAHRGANGS  ENDE  EINGEBEN":PRINT :PR
INT
130 INPUT "FACH................",F$:PRINT
140 IF F$="ENDE" THEN 450
150 INPUT "ABKUERZUNG..........",K$:PRINT
160 INPUT "FACHLEHRER..........",L$
170 SELECT PRINT 215(90)
180 PRINT "DOMSCHULE SCHLESWIG";:PRINT TAB(60);T$
190 PRINT S;". JAHRGANG"
200 PRINT "DATEI: ";D$:PRINT :PRINT :PRINT
210 PRINT HEX(OE):PRINTUSING 220,K$,F$,L$
220 %#### #################,##### ###################
230 PRINT :PRINT
240 PRINT HEX(OE):PRINT TAB(10);S;". JAHRGANG"
250 PRINT :PRINT
260 FOR M=1 TO N
270 FOR L=1 TO 13
280 IF K$=B$(M,L) THEN 300
290 NEXT L:GOTO 380
300 P=P+1
310 PRINTUSING 320,P,A$(M),C$(M);
320 %### #################          ###
330 IF S<=2 THEN 370
340 IF L=3 THEN 410
350 IF S<=3 THEN 370
360 IF L=4 THEN 430
370 PRINT
380 NEXT M
390 PRINT HEX(OC):SELECT PRINT 005
400 GOTO 100
410 PRINT "     3. PRUEFUNGSFACH"
420 GOTO 380
430 PRINT "     4. PRUEFUNGSFACH"
440 GOTO 380
450 END
```

Bild 7        Sortierprogramm

```
DOMSCHULE SCHLESWIG                                    24.06.82
13 . JAHRGANG
DATEI: K/3/8/82


3ELF LATEIN F                         FACHLEHRER

                13 . JAHRGANG

 1 SCHUELERNAME 24              WO     3. PRUEFUNGSFACH
 2 SCHUELERNAME 28              FU     3. PRUEFUNGSFACH
 3 SCHUELERNAME 30              SFK    3. PRUEFUNGSFACH
 4 SCHUELERNAME 33              WO     3. PRUEFUNGSFACH
 5 SCHUELERNAME 43              BU
 6 SCHUELERNAME 45              KA
 7 SCHUELERNAME 53              GRA    3. PRUEFUNGSFACH
 8 SCHUELERNAME 57              GRI
 9 SCHUELERNAME 70              UL     3. PRUEFUNGSFACH
10 SCHUELERNAME 76              FU     3. PRUEFUNGSFACH
11 SCHUELERNAME 89              STR    3. PRUEFUNGSFACH
```

Bild 8      Ausdruck Kursliste mit Angabe der Prüfungsfächer

## 6. Pflege der Datei

Zum Führen einer Datei sind grundsätzlich 4 Programme nötig.
Dies sind:
- 1. Neueingabe einer Datei (hier Schülername, Tutor, Kurs-
     wahlen)
- 2. Ergänzung der Datei durch weitere Schüler
- 3. Änderung von Daten
- 4. Löschen eines Schülernamens mit sämtlichen Daten.


Da eine Datenverarbeitung so gut ist, wie die Pflege der
Dateien, müssen die im Schuljahr anfallenden Änderungen
möglichst schnell in den entsprechenden Dateien unter Pro-
grammkontrolle geändert werden. Zu diesen Dateien gehören:
- 1. Kursverzeichnisdatei
- 2. Kurswahldatei
- 3. Persönliche Schülerdatendatei (Name, Anschrift ...).


## 7. Der Rechner

Die hier beschriebenen Programme wurden an der Schule entwickelt. Sie sind in der Programmiersprache BASIC geschrieben und laufen z. Zt. auf einem Rechner der Firma Wang.
Dieser hat einen Arbeitsspeicher von 16 KB, ein Disketten-
laufwerk und einen Matrixdrucker. Die Schule besitzt ebenfalls
einen CBM 3032 sowie einen Apple II, auf denen die Programme
nach geringfügigen Änderungen ebenfalls laufen können.

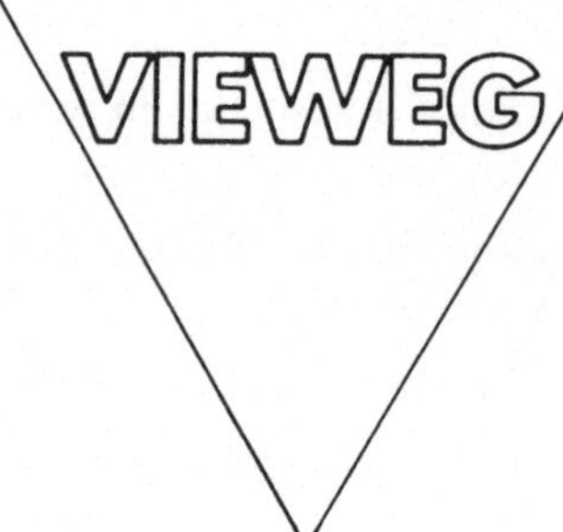

# Taschenrechner + Mikrocomputer Jahrbuch 1983

Anwendungsbereiche — Produktübersichten — Programmierung — Entwicklungs-
tendenzen — Tabellen — Adressen. Herausgegeben von Harald Schumny. Mit 133 Abb.
33 Tab., 40 Programmen und 400 Adr. 1982. VIII. 295 S. 18,5 X 24,5 cm. Kart.

Das Taschenrechner + Mikrocomputer Jahrbuch ist inzwischen zu einer gut einge-
führten Einrichtung geworden. Die im Oktober 1982 erschienene vierte Auflage
wird nach vorliegenden Erfahrungen mindestens 20 000 deutschsprechende Leser
zwischen Dänemark und Südtirol sowie Holland und der DDR erreichen.
Das Grundkonzept ist nach wie vor, umfassend zu informieren, Trends aufzuweisen
und Diskussionsanstöße zu geben.

Nach bewährtem Muster besteht auch diese Ausgabe
wieder aus drei Teilen:

**Fachteil** mit Beiträgen zu den Themen Taschenrechner, Peripheriegeräten und Speichertechnik.

**Programmsammlung** für programmierbare Taschenrechner und Mikrocomputer, geordnet nach Typen.

**Datensammlung** mit Produktübersichten mit Preisan-
gaben, Adressen, Bücher, Zeitschriften, Produktneu-
heiten.